Mengapa Pembebasan Gagal — dan Bagaimana Api Tuhan Memulihkan Jiwa:

40 Pengisytiharan Harian untuk Penyerahan Sepenuhnya

Oleh

Duta Isnin O. Ogbe ; Selesa Ladi Ogbe ; Zacharias Godseagle

Isi Kandungan

Halaman Hak Cipta

Tajuk:
Mengapa Pembebasan Gagal — dan Bagaimana Api Tuhan Memulihkan Jiwa: 40 Pengisytiharan Harian untuk Pembebasan Sepenuhnya

Pengarang:

Zacharias Godseagle

Duta Isnin O. Ogbe

Selesa Ladi Ogbe

Penerbit:

Penerbitan Zacharias Godseagle

dengan kerjasama God's Eagle Ministries (GEM)

Otakada.org | WealthBeyondWorrySeries.com

Reka Bentuk Muka Depan: Unit Kreatif Kementerian Helang Tuhan

Reka Bentuk & Reka Bentuk Dalaman: Pasukan Editorial & Pengeluaran GEM

Diterbitkan oleh:

Kementerian Helang Tuhan (GEM)

8, Kediaman Sahaba, Lugbe, Abuja, Nigeria

E-mel: info@otakada.org | ambassador@otakada.org
laman web: www.otakada.org[1]
Dicetak dan diedarkan ke seluruh dunia melalui
Zacharias Godseagle dan God's Eagle Ministries Publications

1. http://www.otakada.org/

Mengenai buku - Mengapa Pembebasan Gagal - dan Bagaimana Api Tuhan Memulihkan Jiwa: 40 Pengisytiharan Harian untuk Pembebasan Sepanjang-Mu

Pembebasan tidak pernah dimaksudkan sebagai pintu pusingan — percuma hari ini, terikat esok.

Ia direka untuk menjadi warisan kekal bagi orang percaya: "Jadi jika Anak itu memerdekakan kamu, kamu benar-benar merdeka." — Yohanes 8:36

Buku ini ditulis untuk setiap orang Kristian yang telah berjuang dalam peperangan yang tidak kelihatan, menakluki seketika, kemudian tertanya-tanya mengapa perjuangan itu kembali.

Ia adalah untuk orang mukmin yang berpuasa yang berdoa berhari-hari namun merasa diintai oleh azab yang sama.

Ia adalah untuk menteri yang meletakkan tangan pada orang lain tetapi diam-diam memerlukan tangan Tuhan diletakkan ke atas mereka.

Dan ia adalah untuk mereka yang telah bosan dengan jawapan yang cetek, lapar untuk transformasi yang berkekalan.

Hati Buku Ini

Mengapa Pembebasan Gagal — dan Bagaimana Api Tuhan Memulihkan Jiwa bukanlah manual kaedah lain; ia adalah satu perjalanan transformasi.

Melalui empat puluh pengisytiharan setiap hari, anda akan membina semula dinding dalaman hidup anda sehingga tiada ruang lagi untuk kegelapan kembali.

Setiap pengisytiharan menjemput tiga perkara:

1. Taubat — untuk menutup pintu-pintu dosa apabila dibuka.

2. Pembaharuan — untuk mengisi rumah hati anda dengan Firman.

3. Memerintah — untuk berjalan setiap hari dalam kuasa yang telah diberikan Kristus kepada anda.

Ini bukan bacaan pasif; ia adalah latihan rohani yang mengubah teologi menjadi kesaksian.

Setiap doa dipalsukan dari Kitab Suci. Setiap cerita menunjukkan kemenangan.

Dan pengisytiharan setiap hari membina semula tembok api di sekeliling takdir anda.

Tiga Kisah Benar Yang Menginspirasikan Karya Ini

1. Pemuzik Yang Kehilangan Lagunya

Dia pernah memimpin ibadah yang membuat orang menangis. Kemudian mimpi aneh bermula—tangan mencekik suaranya, bayang-bayang mengejek pujiannya.

Dia berlari dari pertemuan ke pertemuan, mencari pembebasan, tetapi kesunyian bertambah.

Pada suatu malam, membaca Lukas 4 di mana Yesus berkata "Ada tertulis", dia menyedari kebenaran: dia telah belajar menyanyi tentang Tuhan tetapi tidak memakan Firman-Nya.

Dia mula bercakap Kitab Suci dengan kuat setiap hari—Mazmur oleh Mazmur. Dalam beberapa minggu, impian berakhir dan melodi kembali.

Pembebasan datang, bukan dengan kebisingan, tetapi dengan makanan.

2. Wanita Yang Salah Tutup Pintu Tetapi Dibiar Lagi Terbuka

Dia telah memusnahkan berhala yang diberikan neneknya, namun mimpi buruk yang menyeksakan berterusan.

Semasa kaunseling, Roh Kudus mendedahkan pintu yang tersembunyi—ketagihannya terhadap novel dan filem fantasi gelap.

Dia berpuasa, membakar bahan-bahan itu, dan menggantikannya dengan muzik penyembahan dan Kitab Suci.

Malam itu dia tidur dengan tenang buat kali pertama dalam beberapa tahun.

Pembebasan tidak gagal kerana Tuhan lemah; gagal apabila orang mukmin membiarkan tingkap terbuka.

3. Pendeta Muda Yang Cuba Berdoa Tanpa Api

Dia memberitakan pembebasan tetapi secara peribadi memerangi kemurungan.

Suatu pagi dia membaca Roma 12:1–2: "Jadilah kamu berubah oleh pembaharuan budimu."

Dia berhenti mencari kuasa dan mula mencari pembaharuan—berpuasa bukan supaya roh jahat melarikan diri tetapi supaya Firman itu berdiam dengan limpah.

Dalam beberapa bulan suaranya berubah, imannya semakin mendalam, dan mereka yang pernah meminta pertolongan kini mendapat kesembuhan di bawah naungannya.

Apabila altar terbakar semula, kebebasan mengikuti.

Mengapa Buku Ini Penting

Kerana ramai orang percaya hari ini tahu bagaimana untuk berdoa, tetapi hanya sedikit yang tahu bagaimana untuk kekal bebas.

Kami mengejar peristiwa tetapi mengabaikan pertemuan.

Kita melawan kegelapan tetapi lupa memberi cahaya.

Dan dalam jurang antara kemenangan dan pemeliharaan, musuh membina semula sarangnya.

Buku ini mengisi jurang itu.

Ia bukan sekadar membuang; ia mengajar anda untuk menduduki.

Ia bukan sahaja mendedahkan apa yang salah; ia menunjukkan bagaimana untuk kekal betul.

Anda akan belajar untuk menjaga fikiran anda seperti kubu, memberi makan semangat anda seperti lampu, dan hidup setiap hari seperti nyala api yang tidak dapat dipadamkan.

Kata Akhir

Setiap bab, setiap ayat, setiap pengisytiharan adalah batu mezbah di tangan anda.

Jika anda membina secara konsisten, anda akan melihat apa yang Elia lihat - api Tuhan memakan korban dan membungkam musuh.

Kebebasan tidak jauh; ia adalah satu pengisytiharan lagi.

Biarkan buku ini menjadi batang mancis di tangan anda.

Buka halamannya dengan iman, doakan kata-katanya dengan keikhlasan, dan saksikan Api Tuhan memulihkan jiwa anda.

KETERANGAN KERTAS KULIT BELAKANG

Mengapakah sesetengah orang percaya mengalami kemenangan sementara—dan kemudian kembali ke dalam pertempuran yang tidak kelihatan yang sama?

Mereka berdoa, berpuasa, menangis, namun kegelapan kelihatan kembali.

Mereka melepaskan diri seketika, hanya untuk mencari rantai yang sama menunggu dalam bentuk lain.

Jawapannya bukanlah kuasa Tuhan telah berkurangan—iaitu ramai yang telah belajar untuk membuang, tetapi tidak membina.

Pembebasan gagal apabila ia berakhir di altar dan tidak pernah sampai ke hati.

Kebebasan bukanlah ketiadaan syaitan; ia adalah kehadiran Api, Firman, dan Roh di dalam.

Dalam kebaktian terobosan ini, Mengapa Pembebasan Gagal — dan Bagaimana Api Tuhan Memulihkan Jiwa, anda akan mendapati bahawa:

Iman tanpa persekutuan membocorkan kuasa.

Ketaatan lebih kuat daripada minyak.

Keintiman mengekalkan kuasa yang bermula.

Pembaharuan minda adalah medan perang sebenar.

"Ada tertulis" yang sama yang Yesus gunakan masih membungkam godaan hari ini.

MELALUI 40 PENGISYTIHARAN Harian untuk Penyerahan Sepenuhnya, anda akan:

Tutup pintu lama dan buka dimensi baru rahmat.

Gantikan ketakutan dengan api dan kekeliruan dengan kejelasan.

Bina semula dinding dalaman iman, disiplin, dan pengabdian.

Berjalan dalam kebebasan yang kekal dan keintiman yang diperbaharui dengan Tuhan.

PRAKATA

"Tuhan kita adalah api yang menghanguskan." — Ibrani 12:29 (KJV)

Buku ini bukan lahir dari teori, tetapi dari peperangan.

Ia ditulis dalam parit doa, melalui malam-malam tanpa tidur, dan pada saat-saat apabila api Tuhan menyala lebih dalam daripada yang dapat digambarkan oleh kata-kata.

Setiap deklarasi, setiap ayat, setiap halaman membawa bunyi pembebasan - bukan kebisingan agama, tetapi gema penebusan.

Pembebasan bukanlah fenomena yang aneh bagi orang yang beriman; ia adalah warisan harian setiap orang yang berjalan dengan Tuhan.

Salib bukan sahaja tempat pengampunan; ia juga merupakan tempat kebebasan.

Yesus bukan sahaja mati untuk menyelamatkan kita daripada dosa, tetapi untuk memulihkan kuasa, maruah, dan persekutuan setiap hari dengan Bapa.

Namun, ramai orang yang mengasihi Tuhan masih mendapati diri mereka terperangkap dalam penjara yang tidak kelihatan — kitaran ketakutan, kekeliruan, nafsu, genangan, dan keletihan rohani.

Mereka berdoa, berpuasa, dan menangis, tetapi belenggu itu tetap ada.

Inilah sebab mengapa 40 Pengisytiharan Harian ini wujud : **untuk membantu anda melangkaui penyerahan berasaskan peristiwa ke dalam transformasi yang berterusan.**

Bukan nyaringnya doa yang mematahkan kuk, tetapi keselarasan hati dan kebenaran di bawah api Roh Kudus.

Api ini menyucikan, bukan memusnahkan.

Ia mendedahkan, bukan mengutuk.

Ia membakar sisa perhambaan nenek moyang, keletihan rohani, dan sistem marin yang cuba mencemarkan jiwa manusia.

Ia adalah api yang sama yang memakan korban di atas mezbah Elia, menyucikan bibir Yesaya, dan memberi kuasa kepada para murid pada pagi Pentakosta.

Di sini, anda tidak akan menemui ritual yang rumit - hanya Firman Tuhan yang hidup, mengaku, percaya, dan hidup setiap hari.

Anda tidak akan menjumpai doa yang didorong oleh ketakutan, tetapi pernyataan yang didorong oleh iman yang memperbaharui minda, menyembuhkan jiwa, dan menegakkan orang percaya di atas Batu Karang Kristus Yesus.

Semasa anda mengembara melalui empat puluh titik doa ini setiap hari, Firman akan menjadi cermin, Roh api anda, dan Darah penutup anda .

Suara anda akan mendapat semula kuasa.

Impian anda akan disucikan.

Fikiran anda akan diperbaharui.

Dan roh anda akan naik ke tempat di mana Kristus telah mendudukkan anda - jauh di atas segala kerajaan dan kuasa.

Anda tidak lagi akan bertarung dari tanah; anda akan berjuang daripada kemenangan.

Sebab Dia yang memanggil kamu adalah setia, dan api-Nya masih turun di atas mezbah-mezbah yang rela.

Selamat datang ke musim pembebasan sepenuhnya dan pemulihan ilahi anda.

Selamat datang ke api yang menjadikan anda utuh.

DEDIKASI

Kepada setiap orang beriman yang telah bertempur dalam peperangan yang tidak kelihatan dengan air mata di bantal mereka namun enggan berputus asa.

Kepada setiap jiwa yang telah berpuasa, berdoa, dan bertanya-tanya, "Mengapa perjuangan kembali?"

Kepada para pahlawan yang telah berdiri di atas mezbah pembebasan tetapi masih mendambakan keamanan yang berkekalan — buku ini untuk anda.

Kepada para pemberi syafaat yang memikul beban bangsa dan keluarga dalam doa rahasia,

kepada mereka yang kehilangan tidur berjuang untuk kebebasan orang lain,

kepada setiap pendeta, mubaligh, dan pendeta yang telah melihat api berkelip-kelip di mata letih - api ini juga milik anda.

Kepada yang patah yang masih percaya,

kepada yang kuat yang masih menangis,

dan kepada yang dipanggil yang masih menunggu -

semoga kata-kata ini mengingatkan anda bahawa Tuhan yang memanggil anda untuk berperang tidak akan meninggalkan anda tanpa kemenangan.

Buku ini didedikasikan untuk Gereja Remnant -

mereka yang tidak akan sujud kepada Baal atau berkompromi dengan mezbah;

mereka yang akan hidup seperti api dalam dunia yang semakin sejuk.

Engkaulah api di tangan-Nya,

percikan api yang akan menyalakan rumah, kota, dan negara dengan kemuliaan-Nya.

Semoga api yang menyala dalam halaman ini menemui anda, memenuhi anda, dan mengalir melalui anda - sehingga dunia tahu bahawa Tuhan kita masih menjawab dengan api.

PENGHARGAAN

Kepada Roh Kudus, Sahabat dan Guru saya yang terbesar -

Anda adalah Api di sebalik setiap perkataan, Suara di sebalik setiap bisikan, dan Kuasa di sebalik setiap kemenangan.

Tanpa Anda, halaman ini akan menjadi dakwat kosong; dengan Anda, mereka terbakar dengan kehidupan.

Terima kasih untuk setiap wahyu, setiap malam doa, setiap beban berubah menjadi kejayaan.

Segala kemuliaan kembali kepada-Mu.

Kepada Tuhan Yesus Kristus, Firman yang Hidup dan Kapten keselamatan kita -

Ketaatan-Mu menghancurkan pekerjaan-pekerjaan kegelapan, darah- Mu menutup kebebasan kami, dan kebangkitan-Mu menjamin kekuasaan kami.

Semoga pekerjaan ini membawa banyak orang untuk hidup bukan hanya dalam pembebasan tetapi dalam persekutuan harian dengan-Mu.

Kepada Bapa Terang, yang telah menjadi Perisai saya, Sumber saya, dan Pemelihara saya -

Setiap pandangan, setiap keajaiban, setiap kesaksian dalam halaman ini mengalir dari belas kasihan-Mu.

Terima kasih atas keistimewaan untuk berkhidmat sebagai wadah kebenaran-Mu dalam generasi ini.

Kepada mereka yang telah berdiri di celah — pendoa syafaat, pendeta, dan kawan-kawan —

yang berdoa, berpuasa, dan memikul beban jiwa bersamaku:

Kesetiaan anda adalah sebahagian daripada api yang melahirkan buku ini.

Semoga kerja rahsiamu bersinar terang-terangan di hadapan Tuhan.

Kepada lelaki dan wanita yang kisahnya memberi inspirasi kepada halaman ini mereka yang bergelut sepanjang malam dan mendapat kemenangan pada waktu subuh -

kesaksian anda membuktikan bahawa pembebasan bukanlah mitos tetapi keajaiban yang masih berlaku apabila Firman bertemu dengan iman.

Kepada komuniti global orang percaya yang membaca ini -

anda adalah sebab buku ini ditulis.

Setiap perisytiharan, setiap Kitab Suci, dan setiap doa telah dipalsukan dengan anda dalam fikiran.

Semoga hatimu terbakar lagi dengan rasa lapar kepada Tuhan,

dan semoga rumahmu menjadi mezbah yang hidup di mana api-Nya tidak pernah padam.

Akhir sekali, kepada hamba-hamba Allah yang tidak terhitung jumlahnya di seluruh dunia

yang bekerja dengan tenang dalam pembebasan dan pemuridan -

inilah peringatanmu: Pertempuran adalah milik Tuhan.

Apimu tidak padam; ia sedang diperhalusi.

Teruskan mendesak, teruskan berdoa, dan terus tunjuk jiwa-jiwa kembali kepada Yesus —

kerana Api yang sama yang memanggil anda masih menyala dalam diri anda.

"Sebab Allahlah yang mengerjakan di dalam kamu baik kemauan maupun perbuatan menurut kehendak-Nya." — Filipi 2:13

PENGENALAN

"*T**uhan yang menjawab dengan api, biarlah Dia menjadi Tuhan." — 1 Raja-raja 18:24 (KJV)***

Halaman yang mengikuti bukan ritual atau formula; mereka adalah empat puluh pertemuan setiap hari dengan Tuhan yang hidup.

Setiap deklarasi diambil dari Kitab Suci dan dibentuk untuk memimpin orang percaya kepada pertobatan yang lebih mendalam, pembaharuan, dan kuasa dalam Kristus.

Api, di seluruh Alkitab, tidak pernah menjadi simbol kemusnahan sahaja.

Itu adalah tanda kehadiran, kekudusan, kesucian, dan kuasa Tuhan.

Apabila Musa bertemu Tuhan, semak belukar itu terbakar tetapi tidak dimakan.

Apabila Roh turun pada Pentakosta, ia datang sebagai lidah api.

Apabila para nabi memanggil syurga, api menjawab, membuktikan bahawa Tuhan yang benar masih memerintah.

Berdoa dengan bahasa api bukanlah untuk memanggil api duniawi tetapi untuk menyambut kehadiran Roh Kudus yang membersihkan, memurnikan, dan melindungi—

Api yang menyucikan dosa, meleburkan kesombongan, memakan ketakutan, dan memupuk keberanian.

Setiap orang beriman memerlukan api ini:

api yang membakar kegelapan di dalam,

yang menyembuhkan jiwa yang terluka,

yang memulihkan persekutuan di mana kompromi pernah hidup.

Empat puluh pengisytiharan harian ini akan membantu anda mengekalkan api itu.

Bacalah mereka bukan sebagai puisi tetapi sebagai perjanjian;

ucapkanlah dengan lantang, percayalah, dan biarkan Roh Kudus bernafas melalui setiap perkataan sehingga hatimu menjadi mezbah dan hidupmu menjadi nyala api.

TUJUAN PANDUAN INI

Setiap generasi menghadapi mezbah kegelapannya sendiri, tetapi jawapannya tidak pernah berubah-Tuhan masih menjawab dengan api.

Buku ini wujud untuk membantu orang percaya hidup dalam realiti itu: bukan keseronokan seketika, tetapi perubahan yang berkekalan.

Ia mempunyai lima tujuan yang jelas:

1. Untuk Menyalakan Semula Altar Hati

Pengisytiharan ini mengajar anda untuk mengubah doa harian menjadi perjamuan, bukan persembahan.

Api datang di mana pengorbanan dan penyerahan bertemu.

2. Menggantikan Takut dengan Iman

Semakin anda melihat Firman, semakin kecil gunung anda kelihatan.

Cahaya Tuhan memancarkan kekeliruan; Kebenaran-Nya memulihkan keberanian.

3. Untuk Mengubah Pembebasan menjadi Pemuridan

Kebebasan sebenar bukanlah satu saat yang dramatik—ia adalah berjalan dengan Firman setiap hari sehingga fikiran, tabiat, dan keinginan semua bersetuju dengan syurga.

4. Untuk Melengkapkan Syafaat dan Menteri

Setiap perisytiharan boleh digunakan secara peribadi atau korporat, sebagai corak kebaktian yang menunjukkan hati kembali kepada Kristus dan bukannya kepada teknik manusia.

5. Untuk Mewujudkan Pemulihan Sepenuhnya

Matlamatnya bukan sahaja untuk memutuskan rantai tetapi untuk membina kekuatan: roh diperbaharui, jiwa disembuhkan, dan badan selaras dengan tujuan

BAGAIMANA MENGGUNAKAN PANDUAN INI

1. Sucikan Masa Anda

Pilih waktu yang konsisten pagi dan petang.

Senyapkan bunyi di sekeliling anda; bawa Alkitab dan jangkaan anda.

2. BACALAH KITAB SUCI dengan Kuat

Setiap "Ada tertulis" adalah pedang yang ditempa di syurga.

Biarkan telinga anda mendengar suara anda menyatakan kebenaran Tuhan sehingga iman bangkit.

3. Mengaku dan Bertaubat Dengan Jujur

Pembebasan bermula dengan kejujuran.

Ketika cahaya mendedahkan apa yang tersembunyi, Darah Yesus membersihkan setiap noda.

4. Berdoa Pengisytiharan Api Perlahan-lahan

Jangan tergesa-gesa. Cakap setiap baris seolah-olah anda meletakkan kayu di atas mezbah.

Biarkan Roh menyalakan kata-kata dalam diri anda.

5. Isytihar Kemenangan Dengan Berani

Bercakap sebagai orang yang sudah menang, kerana Kristus telah menang.

Perisytiharan anda menguatkan kemenangan-Nya.

6. Meterai Setiap Sesi dalam Iman

Akhiri dengan kesyukuran, katakan dengan lantang: "Dengan Darah, Firman, dan Roh, itu dilakukan."

Bayangkan hidup anda dikelilingi oleh api kudus kehadiran-Nya.

7. Menghafaz Ayat Setiap Hari

Perkataan yang anda ingat adalah senjata yang anda akan sentiasa ada.

Satu ayat yang dihayati dalam ketaatan lebih kuat daripada seribu yang diucapkan tanpa iman.

8. Untuk Pemimpin dan Menteri

Anda boleh menggunakan teks setiap hari sebagai pengabdian kumpulan, pembelajaran Alkitab, atau fokus doa.

Sentiasa tekankan pada Kitab Suci, pertaubatan, dan kesyukuran—jangan sekali-kali pada tindakan ritual.

Kuasa adalah dalam Firman, Darah, dan Roh, bukan dalam pelaksanaan.

JANJI

Api Tuhan tidak pernah menyala tanpa tujuan; ia menapis untuk mendedahkan emas.

Jika anda akan berjalan melalui empat puluh pernyataan ini dengan hati yang terbuka, Api yang sama yang jatuh ke atas mezbah Elia, menyucikan bibir Yesaya, dan memberi kuasa kepada para rasul akan bekerja di dalam anda—membakar ketakutan, menghidupkan semula tujuan, dan memulihkan persekutuan dengan Kristus yang hidup.

"Tuhan kita adalah api yang menghanguskan." — Ibrani 12:29

UCAPAN TERIMA KASIH & SYUKUR TERAKHIR

Bacaan Kitab Suci: Mazmur 18: 28–32

"Sebab Engkau akan menyalakan pelitaku: TUHAN, Allahku, akan menerangi kegelapanku... Allahlah yang mengikat aku dengan kekuatan dan menyempurnakan jalanku."

DOA KESYUKURAN

Bapa Cahaya, terima kasih untuk empat puluh hari api dan pembaharuan.

Terima kasih untuk setiap tembok yang runtuh, setiap rantai yang putus, setiap hati yang Engkau pulihkan.

Kami memberikan kemuliaan kepada-Mu untuk pembersihan garis keturunan, penyembuhan badan, ketenangan fikiran, dan pemulihan tujuan.

Biarkan api yang telah Engkau nyalakan tidak pernah padam.

Biarkan sungai Roh mengalir tanpa halangan di setiap rumah dan setiap negara yang diwakili oleh doa-doa ini.

Kekalkan kami berpakaian dengan baju besi- Mu , berakar dalam Firman-Mu, dan penuh dengan kasih-Mu hingga Hari Kristus.

Berdoa

"Sekarang Allah damai sejahtera, yang telah membangkitkan Tuhan kita Yesus dari antara orang mati, menjadikan kamu sempurna dalam setiap pekerjaan yang baik untuk melakukan kehendak-Nya." — Ibrani 13: 20-21

Semoga Tuhan memberkati kamu dan melindungi kamu.

Semoga apiNya terus memurnikan kamu, DarahNya terus meliputi kamu, dan RohNya terus memberdayakan kamu.

Dalam nama Yesus yang perkasa - Amin.

BAB 1 - KENAPA PENYELAMAT GAGAL — DAN BAGAIMANA API ALLAH MEMULIHKAN JIWA - 40 Pengisytiharan Harian untuk Pembebasan Sepenuhnya

Misteri Keajaiban Yang Belum Selesai

Yesus sudah "memanggil kedua belas murid-Nya bersama-sama, dan memberi mereka kuasa dan kuasa atas semua setan, dan untuk menyembuhkan penyakit." — Lukas 9: 1-2.

Mereka keluar dan kembali dengan sukacita, tetapi tidak lama kemudian seorang ayah berseru, "Aku telah meminta murid-muridmu untuk mengusir dia, tetapi mereka tidak dapat." (v 40).

Lelaki yang sama yang pernah menang kini tidak berdaya.

Yesus mengeluh,

"Hai angkatan yang tidak setia dan sesat, berapa lama lagi Aku harus bersama kamu dan sabar terhadap kamu?" — Lukas 9:41

Mereka masih mempunyai kata-kata, tetapi mereka telah kehilangan Firman.

Iman telah bocor; keintiman telah menjadi sejuk.

Pihak berkuasa tidak boleh hidup terpisah daripada perhubungan.

Iman timbul dari pendengaran, dan pendengaran oleh Firman Tuhan (Roma 10:17).

Tiada Kata → tiada iman. Tiada iman → tiada kuasa. Tiada kuasa → tiada penyembuhan.

Pembebasan hanya bertahan di mana persekutuan bertahan, kerana Firman adalah Kristus sendiri.

Pembaharuan Minda

"Karena itu, saudara-saudara, demi kemurahan Allah aku menasihatkan kamu, supaya kamu mempersembahkan tubuhmu sebagai

persembahan yang hidup, yang kudus dan yang berkenan kepada Allah, yaitu ibadahmu yang wajar.

Dan janganlah kamu menjadi serupa dengan dunia ini, tetapi berubahlah oleh pembaharuan budimu." — Roma 12: 1-2

Transformasi bermula di mana keakuran berakhir.

Fikiran yang diperbaharui menjadi mezbah; nyawa yang berserah pengorbanannya.

Pembebasan gagal apabila orang mengusir kegelapan tetapi enggan mengubah pemikiran.

Tanpa corak baharu, penjara lama dibuka semula.

Yesus menggambarkan ini dalam Lukas 4.

Apabila digoda oleh Syaitan, Dia tidak berdebat, panik, atau berunding.

Dia menjawab setiap serangan dengan tiga perkataan yang menggegarkan neraka:

"Sudah tertulis."

Musuh merayu kepada selera makan, cita-cita, dan kesombongan—tetapi Yesus menggunakan Kitab Suci seperti pedang:

"Manusia tidak akan hidup dari roti sahaja... Ada tertulis, Engkau harus menyembah Tuhan, Allahmu... Ada dikatakan, Jangan mencobai Tuhan, Allahmu."

Kemenangan datang bukan dengan teriakan tetapi oleh Kitab Suci yang benar-benar dipercayai.

Fikiran yang diperbaharui oleh Firman menjadi tidak dapat ditembusi; godaan kehilangan pijakan di mana kebenaran memenuhi setiap pemikiran.

Apabila Lindung Nilai Telah Patah

"Barangsiapa yang memecahkan pagar, ia akan dipagut ular." — Pengkhotbah 10: 8

Kehidupan dalaman kita adalah rumah yang mempunyai banyak bilik.

Kita mungkin mendedikasikan ruang istirahat—ibadat awam kita—kepada Tuhan namun meninggalkan bilik tidur fikiran peribadi tanpa dikawal.

Melalui pintu ceroboh ular masuk.

Pintu terbuka hari ini termasuk:

Permainan dan filem yang mengagungkan ketakutan atau kuasa ghaib.

Muzik dan buku yang meraikan dosa.

Pornografi, gosip, kemalasan, kemalasan, ketidaktaatan.

Mana-mana bilik yang kekurangan cahaya menjadi penginapan bagi kegelapan.

Kisah 1: Seorang yang beriman pernah berkata, "Mimpi ngeri saya berhenti sehingga saya kembali menonton filem seram." Kebebasan tidak dicuri; ia telah diserahkan.

Apa yang kita makan tumbuh; apa yang kita lapar akan mati.

Kejatuhan Pertama—Dan Setiap Kejatuhan Selepas

Sebelum manusia jatuh, Lucifer jatuh.

Dia adalah "kerub terurap yang menutupi." — Yehezkiel 28:14.

Pride berbisik lima kali, "Saya akan naik." — Yesaya 14: 13-14.

Penyingkapan 12 menunjukkan hasilnya: "Dia dilemparkan ke bumi, dan malaikat-malaikatnya dilemparkan bersama-sama dengan dia."

Kejatuhannya ialah kemerdekaan—impian kuasa tanpa tunduk.

Setiap pemberontakan mengulanginya.

Pembebasan yang berakhir dengan berdikari mencerminkan dosanya.

Kisah 2: Seorang pemimpin ibadat yang bebas daripada ketagihan membual, "Saya boleh mengatasinya sekarang." Beberapa bulan kemudian dia jatuh lagi. Dia tidak kehilangan rahmat tetapi pergantungan.

Kebebasan hanya dikekalkan dalam kerendahan hati.

Apabila Iman Menjadi Formula

Para murid mengulangi kaedah semalam tetapi bukan persekutuan semalam.

Ramai orang percaya melakukan perkara yang sama-mengucapkan perkataan yang mereka tidak lagi hidup.

Iman bukan sihir; ia adalah amanah yang dikekalkan oleh pendengaran.

Seorang pastor pernah bertanya kepada seorang wanita yang menghadiri setiap upacara pelepasan, "Adakah anda membaca Firman setiap hari?" Dia menjawab, "Tidak, saya bergantung pada doa anda." Dia berkata, "Kalau begitu kamu bergantung pada imanku, bukan kepercayaanmu."

Iman yang dipinjam tidak boleh memegang kebebasan yang dipinjam.

Pembebasan Tanpa Disiplin

Yesus memberi amaran bahawa hati yang kosong mengundang tetamu yang kembali (Lukas 11: 24-26).

Doa mengusir kegelapan; disiplin memastikan cahaya masuk.

Kebebasan berkembang pesat di mana kekudusan rutin membina dinding kebiasaan di sekeliling rahmat.

Api Yang Menjadikan Kebebasan Berkekalan

Apabila mezbah sejuk, lalat berkumpul.

Paulus mendesak, "Nyalakanlah pemberian Tuhan." — 2 Timotius 1: 6.

Makan api setiap hari:

Iman - bahan bakar.

Ibadah - oksigen.

Kekudusan - pembendungan.

Hati yang menyala dengan Firman dan penyembahan menjadi tanah yang tidak dapat disentuh.

Laluan Menuju Pembebasan Sepenuhnya

1. Bina Semula Hubungan. Tetap bersama Firman sehingga iman menyala.
2. Jaga Pintu. Tutup pintu visual, lisan dan digital kepada dosa.
3. Menghafaz dan Mengisytiharkan. Ucapkan ayat setiap pagi—pedang anda untuk hari itu.

4. BERJALAN DALAM KETAATAN. Setiap tindakan ketaatan membaiki tembok.

5. Hidup dalam Kesyukuran. Kesyukuran menjadikan suasana penuh dengan cahaya.

Panggilan kepada Api

Mesej ini bukan ditulis untuk menjelaskan kegagalan tetapi untuk menyalakan kemenangan.

Yesus mengatasi godaan dengan "Ada tertulis." Dia menyembuhkan budak lelaki yang tidak dapat dilakukan oleh orang lain kerana Dia hidup penuh dengan Firman dan belas kasihan.

Api yang sama menanti setiap orang percaya yang memelihara Firman hidup di dalam.

Empat Puluh Pengisytiharan Harian untuk Pembebasan Serba Guna yang berikut adalah pelan tindakan anda untuk pembaharuan—empat puluh bata cahaya untuk membina semula rumah dalaman sehingga setiap bilik terbakar dengan kehadiran Kristus.

Hafal satu ayat setiap hari, ucapkan pagi dan malam, dan amalkan kebenarannya.

Dalam empat puluh pengisytiharan iman dan tumpuan setiap hari, anda bukan sahaja akan menentang kegelapan—anda akan memancarkan cahaya.

40 Perkataan Harian, Pengakuan dan Pertaubatan, Doa dengan Penolakan, Pengisytiharan, Pemeteraian dan pemberian terima kasih

TITIK KEBAKARAN 1 — API KUDUS, TEMPAT DAN HABISKAN SETIAP ALTAR MENYERU NAMAKU

Ada tertulis:

Sebab Tuhan kita adalah api yang menghanguskan. — Ibrani 12:29

Oleh itu ketahuilah pada hari ini, bahawa TUHAN, Allahmu, Dialah yang menyeberang di hadapanmu; seperti api yang menghanguskan dia akan membinasakan mereka, dan dia akan menjatuhkan mereka ke hadapan-Mu. — Ulangan 9: 3

Pengakuan & Taubat

Bapa, saya mengaku bahawa melalui kejahilan, ketakutan, dan dosa bapa-bapa saya, mezbah-mezbah jahat telah dibangkitkan yang menyebut nama saya.

Saya mengakui setiap persekutuan dengan kegelapan - secara sedar atau tidak - dan saya memohon Darah Yesus atas hidup saya, rumah tangga saya, dan keturunan saya.

Ampunilah aku, ya Tuhan, kerana percaya kepada manusia, kerana melawat peramal, kerana membuat nazar yang melalaikan, atau menyentuh perkara yang najis.

Basuhlah aku, bersihkan aku, dan pisahkan aku dari setiap mezbah yang tidak dibina oleh tangan-Mu.

DOA (DENGAN IKHLAS)

Wahai Tuhan Api, bangunlah untukku pada hari ini!

Biarlah setiap mezbah, kuil, atau kuil laut yang memanggil nama-Ku dimusnahkan dari akarnya.

Biarkan api Roh Kudus berjalan melalui sungai, gunung, dan tanah leluhur, membakar setiap catatan jahat, setiap pengorbanan, setiap patung, dan setiap imam yang memohon kepada-Ku.

Saya meninggalkan setiap perjanjian, sumpah darah, dan dedikasi yang mengikat saya dengan mezbah itu.

Biarlah guruh Tuhan menjawab saya; biarlah kilat memancarkan perhimpunan mereka; biarlah token mereka cair seperti lilin sebelum nyala api.

Setiap berhala yang menyebut namaku pada waktu malam, biarlah api Tuhan membungkamnya selama-lamanya.

Pengisytiharan

Saya tersembunyi dalam api Yang Maha Kuasa.

Nama saya kini tertulis dalam api syurga.

Tiada altar, tiada imam, tiada syaitan boleh memanggil saya lagi.

Tuhan sendiri mengelilingi saya dengan api kemuliaan, dan saya bebas.

Meterai

Dengan Darah Yesus, dengan Firman kesaksian saya, dan dengan Api Roh yang kekal, saya menutup pembebasan ini.

Malaikat api, berkemah di sekelilingku dan rumahku.

Biarkan setiap percubaan kegelapan bertemu dengan dinding nyala ilahi. Amin.

KESYUKURAN

Bapa, aku bersyukur kepada-Mu, kerana setiap mezbah yang jahat berubah menjadi abu dan setiap tuduhan dihancurkan.

Milikmulah kerajaan, kuasa, dan kemuliaan selama-lamanya. Amin.

TITIK KEBAKARAN 2 — API ALLAH, BERSIHKAN SATU DARAHKU DARI PENCEMARAN DAN PERJANJIAN

Ada tertulis:

Kerana Dia adalah seperti api pemurni, dan Dia akan duduk sebagai pemurni dan pemurni perak. — Maleakhi 3: 2-3

Apabila Aku melihat darah itu, Aku akan melewati kamu, dan tulah tidak akan menimpa kamu untuk membinasakan kamu. — Keluaran 12:13

Pengakuan & Taubat

Tuhan Yesus, saya berdiri mewakili diri saya sendiri dan nenek moyang saya.

Kami telah beribadah kepada tuhan-tuhan lain; kami telah menumpahkan darah yang tidak bersalah; kami telah bernazar di hadapan berhala.

Saya bertaubat, ya Tuhan, dan memohon Darah Yesus atas keturunan saya.

Bersihkan asas saya, sucikan DNA saya, dan hapuskan setiap warisan syaitan.

Doa (dengan Ikhlas)

Api Roh Kudus, melalui garis keturunan saya sekarang!

Selidiki akar saya, gen saya, dan generasi saya; membakar setiap ular, pesona, dan tanda perjanjian.

Saya meninggalkan dan mengecam setiap sumpah nenek moyang dengan berhala, air, dan roh orang mati.

Biarlah api yang jatuh di atas Gunung Karmel jatuh ke atas setiap mezbah dalam nenek moyangku.

Setiap semangat yang menuntut pemilikan keluarga saya—lepaskan kami dan bakar!

Biarkan Darah Yesus menulis semula kod genetik saya dengan kekudusan dan cahaya.

Pengisytiharan

Darah-Ku disucikan; keturunan saya ditebus.

Kutukan itu rosak; berkat itu mengalir.

Saya dicantumkan ke dalam keturunan diraja Kristus.

Meterai

Demi Darah yang berbicara lebih baik daripada darah Habel dan dengan api yang menyucikan , aku dan keturunanku dimeteraikan kepada Tuhan. Amin.

Kesyukuran

Terima kasih, Bapa, kerana mematahkan kuk nenek moyangku dan menjadikanku sebuah wadah yang sesuai untuk kemuliaan-Mu.

TITIK API 3 — API KUDUS, MAKAN SETIAP PASANGAN ROH DAN KESATUAN YANG JAHAT

Ada tertulis:

Kerana Penciptamu ialah suamimu; TUHAN semesta alam nama-Nya. — Yesaya 54: 5

Siapakah yang dapat berdiri di hadapan kemurkaan-Nya? dan siapakah yang dapat bertahan dalam murka-Nya yang menyala-nyala? Kemurkaan-Nya dicurahkan seperti api. — Nahum 1: 6

Pengakuan & Taubat

Tuhan Yesus, saya mengaku setiap dosa seksual, pertemuan mimpi, atau keinginan tersembunyi yang membuka pintu kepada pasangan roh.

Ampunilah aku dan basuh tubuh, jiwa, dan rohku dengan Darah-Mu yang berharga.

Aku serahkan rasa sayangku hanya kepadaMu.

Doa (dengan Ikhlas)

Dengan Api Roh Kudus, saya meninggalkan setiap suami roh, isteri roh, dan perjanjian laut.

Biarlah api Tuhan turun ke atas setiap hamparan kekotoran, setiap cincin, pakaian, dan mezbah perkahwinan di laut.

Biarkan roh-roh itu mendengar penghakiman Salib—Anda telah diceraikan, dibuang, dan dihancurkan oleh api!

Ya Tuhan, hantarkanlah angin ribut-Mu ke dalam air; biarlah pedang-Mu memutuskan segala ikatan antara aku dan kerajaan kegelapan.

Pengisytiharan

Saya bertunangan dengan Kristus Yesus sahaja.

Tubuh saya adalah bait Roh Kudus.

Mimpi saya dikuduskan; malam saya damai.

Tiada pasangan jahat akan mendekati kediaman saya lagi.

Meterai

Dengan Darah dan Api Aku memeteraikan perjanjian perkahwinanku dengan Anak Domba.

Biarkan pedang berapi menjaga setiap pintu hidupku. Amin.

Kesyukuran

Terima kasih, Tuhan, kerana memberi saya kesatuan kudus dengan-Mu dan memulihkan kesucian saya selama-lamanya.

TITIK API 4 — API ALLAH, BAKARLAH SETIAP PERJANJIAN JAHAT YANG DIPERBAHARUI DALAM IMPIANKU

Ada tertulis:

Kerana Tuhan berfirman sekali, ya dua kali... Dalam mimpi, dalam penglihatan malam, supaya Dia menarik manusia daripada tujuannya. — Ayub 33: 14-17

Ke atas orang jahat Ia akan menghujani jerat, api dan belerang. — Mazmur 11: 6

Pengakuan & Taubat

Bapa, saya mengaku bahawa saya telah jahil tentang transaksi syaitan dalam tidur saya.

Maafkan kecuaian saya; maafkan pintu-pintu yang saya biarkan terbuka melalui ketakutan, nafsu, atau ketidakpercayaan.

Saya memohon Darah Yesus di atas pintu impian saya.

Doa (dengan Ikhlas)

Wahai Api Tuhan, masuklah ke alam mimpiku!

Setiap perjanjian yang diperbaharui melalui makanan, seks, atau tulisan tangan dalam mimpi kini dipadamkan oleh Api.

Saya meninggalkan setiap kontrak yang ditandatangani dalam roh semasa saya tidur.

Biarkan api Tuhan turun ke atas setiap pertemuan marin, setiap pasar sihir, setiap bilik mahkamah setan yang menyandang nama-Ku—memakan mereka sepenuhnya!

Biarkan malaikat api mengawal tidur saya dari malam ini dan seterusnya.

Pengisytiharan

Mimpi saya adalah milik Roh Kudus.

Tiada tangan gelap yang boleh menulis tentang takdir saya lagi.

Malam itu disucikan dengan Api; pagi penuh dengan cahaya.

Meterai

Saya menutup impian saya dengan Darah Yesus dan Api Tuhan.

Hanya mesej dari syurga yang dibenarkan mulai sekarang. Amin.

Kesyukuran

Terpujilah TUHAN yang memberi tidur yang dikasihi-Nya; bagi-Nya segala puji selama-lamanya.

TITIK KEBAKARAN 5 — API YEHUWA, DEDAH DAN MENGHABISKAN SEMANGAT PEMANTAUAN

Ada tertulis:

Tidak ada sesuatu yang tertutup yang tidak akan didedahkan; tiada yang tersembunyi, yang tidak akan diketahui. — Lukas 12: 2

Api berjalan di hadapan-Nya, dan membakar musuh-musuh-Nya di sekeliling-Nya. — Mazmur 97: 3

Pengakuan & Taubat

Tuhan, saya mengaku setiap rasa ingin tahu yang membuka pintu—astrologi, ramalan nasib, nasihat yang tidak suci.

Ampuni saya, dan dengan Darah-Mu tutuplah setiap saluran pengawasan yang telah dieksploitasi oleh musuh.

Doa (dengan Ikhlas)

Api Yehuwa, bangkit dan dedahkan setiap roh pemantauan yang ditugaskan untuk mengawasi pergerakan saya, keluarga saya, dan doa saya!

Biarkan mata kegelapan menjadi buta; pekakkan telinga syaitan.

Setiap cermin, kristal, haiwan atau teknologi yang digunakan untuk menjejaki saya—berkobar-kobar sekarang!

Saya meninggalkan setiap perikatan yang memberikan akses kepada hidup saya, secara sedar atau tidak.

Ya Tuhan, selubungi aku dalam tiang Api-Mu; biarlah setiap kuasa mencari dikelirukan.

Pengisytiharan

Saya tidak dapat dilihat oleh kegelapan, tidak dapat disentuh oleh setan, tersembunyi dalam Kristus.

Suasana saya terbakar dengan kehadiran Tuhan.

Meterai

Demi Darah, Firman, dan Api, Aku menetapkan buta kekal atas semua pemerhati yang jahat.

Nyalaan Roh Kudus adalah penutup saya. Amin.

Kesyukuran

Terima kasih, Bapa, kerana menjadikan setiap mata orang jahat menjadi abu dan mengelilingi saya dengan cahaya.

TITIK KEBAKARAN 6 — KEBAKARAN PENYAMPAIAN, PUTUSKAN RANTAI KELEWATAN DAN KEGEMPAN

Ada tertulis:

Dan akan terjadi pada hari itu, bahawa bebannya akan diambil dari bahumu, dan kuknya dari lehermu, dan kuk itu akan dihancurkan kerana pengurapan. — Yesaya 10:27

Tuhan kita adalah api yang menghanguskan. — Ibrani 12:29

Pengakuan & Taubat

Bapa, saya mengaku bahawa ketidakpercayaan, ketakutan, dan ketidakpatuhan telah memperlahankan langkah saya.

Keluarga saya juga telah berjalan dalam bulatan, mengulangi corak kegagalan.

Ampunilah kami, ya Tuhan.

Basuh saya dalam Darah Yesus, dan bersihkan saya dari setiap kemalasan rohani dan penangguhan yang bersekutu dengan kelewatan.

Doa (dengan Ikhlas)

Wahai Api Pembebasan, putuskan setiap rantai yang tidak kelihatan yang mengikat kemajuan saya!

Biarkan setiap pintu besi penundaan dileburkan oleh Api Suci.

Saya meninggalkan setiap perjanjian kelambatan, setiap dekri marin "belum," setiap sumpah nenek moyang tentang genangan.

Biarkan api syurga memakan roh-roh yang menghalang saya.

Aku memerintahkan pecutan dengan kereta api; Saya bergerak ke hadapan dalam takdir.

Setiap fail promosi saya terletak di atas meja syaitan—terbakar sekarang!

Pengisytiharan

Saya dilahirkan untuk pergerakan, bukan genangan.

Angin Roh mendorong saya; Api Tuhan memberi kuasa kepada saya.

Saya memintas di tempat saya tertunda, dan saya memulihkan masa yang hilang.

Meterai

Dengan Darah Yesus, dengan Firman Tuhan, dan dengan Api Roh, saya menutup pembebasan ini.

Jalan saya bersinar lebih terang dan lebih terang kepada hari yang sempurna. Amin.

Kesyukuran

Bapa, terima kasih kerana memutuskan rantai kelewatan dan memberi saya sayap kelajuan ilahi.

TITIK KEBAKARAN 7 — API ROH, TERBALIKKAN DEWA RUMAH TANGGA DAN ROH KEKALI

Ada tertulis:

Mereka akan melemparkan berhala-berhala mereka kepada tahi lalat dan kepada kelawar. — Yesaya 2:20

Dan Aku akan melenyapkan nama-nama berhala dari negeri itu, dan mereka tidak akan diingat lagi. — Zakharia 13: 2

Pengakuan & Taubat

Bapa, aku mengakui dosa nenek moyangku—penyembahan berhala, korban rahsia, pesona, dan patung.

Saya bertaubat untuk setiap objek kebaktian yang diwarisi atau dikagumi.

Dengan Darah Yesus, saya meninggalkan berhala-berhala rumah bapa saya dan roh-roh biasa yang mengembara garis kami.

Doa (dengan Ikhlas)

Wahai Roh Api, masuklah ke dasarku dan gulangkan takhta para dewa rumah tangga!

Setiap berhala yang menangis untuk perkhidmatan atau pengorbanan-menerima api dan binasa!

Setiap roh biasa menyamar sebagai penolong, setiap topeng nenek moyang—terbakar!

Saya meninggalkan pemilikan anda; Saya memusnahkan hak undang-undang anda.

Biarkan api suci menyapu mezbah, kubur, gambar, azimat.

Biarlah garis keturunanku menjadi keturunan nabi dan imam kepada Tuhan.

Pengisytiharan

TUHAN sahaja adalah Tuhan atas keturunan saya.

Api kebangkitan menyerbu rumah tangga saya.

Tiada berhala yang akan memerintah di tengah-tengah kita lagi.

Meterai

Demi Darah yang menebus dan Api yang menguduskan, Aku memeteraikan pembebasan ini.

Biarlah nama Yesus kekal di atas pintu gerbang kita selama-lamanya. Amin.

Kesyukuran

Terima kasih, Bapa, kerana menurunkan takhta berhala dan menobatkan Diri-Mu sebagai Raja dalam keluarga saya.

TITIK KEBAKARAN 8 — API KUDUS, HANCURKAN SUARA TUDUH DAN KUTUK

Ada tertulis:

Siapakah yang akan mendakwa orang pilihan Tuhan? Allah yang membenarkan . — Roma 8:33

Dan TUHAN berkata kepada Iblis, TUHAN menghukum engkau, hai Iblis. — Zakharia 3: 2

Pengakuan & Taubat

Bapa yang adil, saya mengaku pelanggaran dan kekurangan saya.

Di mana kata-kata dan perbuatan saya memberi alasan musuh untuk menuduh, maafkan saya.

Saya memohon Darah Yesus atas setiap catatan dosa, dan saya bertaubat dari setiap kesalahan yang tidak diakui.

Doa (dengan Ikhlas)

Api Tuhan, bakar gulungan tuduhan!

Setiap tulisan tangan peraturan-peraturan yang ditulis terhadap saya-dihapuskan oleh Api dan dengan Darah.

Setiap mahkamah iblis berkumpul untuk mengutuk saya-tercerai-berai oleh guruh!

Saya meninggalkan rasa bersalah, malu, dan mengutuk diri sendiri.

Biarkan suara Salib membungkam setiap suara lubang.

Pengisytiharan

Aku dibenarkan oleh iman, dibasuh dengan Darah, berpakaian kebenaran.

Jadi sekarang tidak ada penghukuman bagi saya dalam Kristus Yesus.

Para penuduh saya berdiam diri di hadapan Hakim semua.

Meterai

Demi Darah, Firman, dan Api, Aku menutup pembebasanku di langit dan di bumi.

Payung rahmat telah melanda; Saya bebas selama-lamanya. Amin.

Kesyukuran

Terima kasih, Tuhan, kerana membungkam setiap penuduh dan menggantikan penghakiman dengan belas kasihan.

TITIK API 9 — API ALLAH, KEMBALIKAN KEBAJIKAN DAN KEMULIAANKU YANG DICURI

Ada tertulis:

Dan Aku akan mengembalikan kepadamu tahun-tahun yang telah dimakan belalang. — Yoel 2:25

Kemuliaan rumah yang terakhir ini akan lebih besar daripada yang terdahulu, firman TUHAN semesta alam. — Hagai 2: 9

Pengakuan & Taubat

Bapa, saya mengakui bahawa kecuaian dan kompromi membolehkan musuh mencuri daripada saya—kebajikan saya, kegembiraan saya, kehormatan saya .

Ampuni aku dan bersihkan aku dengan Darah.

Saya meninggalkan setiap transaksi yang menukar kemuliaan saya dengan rasa malu.

Doa (dengan Ikhlas)

Api Suci, mengembara melalui perairan dan tempat-tempat rahsia di mana kebajikan dan bintang saya terkubur.

Pulihkan mereka dengan api!

Setiap gudang marin menyimpan berkat saya—bakar menjadi abu!

Saya memanggil kembali cahaya saya, hadiah saya, nikmat saya , mahkota saya.

Aku meninggalkan pencuri dan setiap perjanjian kerugian.

Biarkan ada pemulihan tujuh kali ganda menurut Firman Tuhan.

Pengisytiharan

Kemuliaan-Ku dipulihkan; kehormatan saya bersinar.

Embun syurga kembali menimpaku.

Di mana sahaja saya ditolak, saya kini diraikan.

Meterai

Dengan Darah Yesus dan Api pemulihan, saya menetapkan kemuliaan saya terjamin selama-lamanya. Amin.

Kesyukuran

Terima kasih, Bapa, kerana menebus kebajikan saya dan memahkotai saya baru dengan kasih sayang.

TITIK KEBAKARAN 10 — API TUHAN, HILANGKAN TAKUT DAN KEGEMARAN MALAM

Ada tertulis:

Jangan takut akan kengerian pada waktu malam; mahupun anak panah yang terbang pada siang hari. — Mazmur 91: 5

TUHAN adalah terangku dan keselamatanku; kepada siapa saya harus takut? TUHAN adalah kekuatan hidupku; kepada siapa saya harus takut? — Mazmur 27: 1

Pengakuan & Taubat

Tuhan, saya mengaku bahawa ketakutan telah menguasai malam saya dan kebimbangan telah mencuri rehat saya.

Maafkan ketidakpercayaan saya.

Saya memohon Darah Yesus atas hati saya, bilik saya, dan impian saya.

Doa (dengan Ikhlas)

Wahai Api Tuhan, sapulah kediamanku!

Bakar setiap semangat ketakutan, setiap mimpi ngeri, setiap kehadiran syaitan yang menyiksa.

Saya meninggalkan perhambaan kepada ketakutan dan semangat kematian.

Biarlah api-Mu mewujudkan damai sejahtera di sekelilingku seperti tembok yang bercahaya.

Biarkan setiap bisikan ketakutan didiamkan oleh guruh.

Pengisytiharan

Damai sejahtera Tuhan memelihara fikiran saya; Tuhan sendiri adalah terangku.

Aku berbaring dengan aman, dan aku bangun dalam kemuliaan.

Tiada keganasan akan melawat malam saya lagi.

Meterai

Dengan Darah Yesus dan Api Roh Kudus, saya menutup fikiran saya, tempat tidur saya, dan suasana saya dengan kedamaian ilahi. Amin.

Kesyukuran

Terima kasih, Bapa, kerana mengubah kegelapan menjadi terang dan ketakutan kepada iman.

TITIK KEBAKARAN 11 — API KUDUS, PERBAHARUI MINDAKU DAN BAKARKAN PENIPUAN

Ada tertulis:

"Dan janganlah kamu menjadi serupa dengan dunia ini, tetapi berubahlah oleh pembaharuan budimu." — Roma 12: 2

"Pemasukan perkataan-Mu memberi terang." — Mazmur 119: 130

Pengakuan & Taubat

Tuhan Yesus, saya mengaku bahawa saya sering mempercayai suara-suara ketakutan dan kegagalan lebih daripada Firman-Mu.

Maafkan saya untuk setiap pemikiran yang meninggikan dirinya terhadap pengetahuan Tuhan.

Basuh fikiranku dengan Darah-Mu yang berharga dan bersihkan hatiku dengan api yang suci.

Doa Api Suci

Bapa, biarlah kebenaran-Mu turun seperti lidah api ke atas fikiranku.

Di mana kegelapan membina benteng keraguan, biarkan cahaya Firman-Mu menyalakan ciptaan baru.

Ambil pembohongan yang mengatakan saya tidak berharga, putus asa, atau ditinggalkan.

Biarkan api melalui koridor ingatan dan membakar setiap identiti palsu menjadi abu.

Saya membuka fikiran saya kepada Roh kebenaran - ajar saya, ubah saya, bebaskan saya.

Pengisytiharan Kemenangan

Fikiran saya diperbaharui; fikiran saya diurapi dengan cahaya.

Saya memikirkan pemikiran Kristus dan berjalan dalam kedamaian-Nya.

Meterai

Oleh Darah Anak Domba dan Firman kebenaran, fikiran saya dipagari dengan api syurga. Amin.

Kesyukuran

Terima kasih, Tuhan, kerana mengubah kekeliruan menjadi jelas dan memenuhi saya dengan fikiran Kristus.

TITIK API 12 — API KESUCINAN, MEMBERSIHKAN HATIKU DARI KEMARAHAN DAN KEPAHITAN

Ada tertulis:

"Biarlah segala kepahitan, dan kemarahan, dan kemarahan dijauhkan dari padamu." — Efesus 4:31

"Ciptakan dalam diriku hati yang bersih, ya Tuhan." — Mazmur 51:10

Pengakuan & Taubat

Bapa yang pengasih, saya akui bahawa kebencian dan ketidakmaafan telah bertapak di hati saya.

Maafkan saya kerana menyimpan kesakitan di mana Engkau inginkan kedamaian.

Saya memohon Darah Yesus untuk membasuh emosi dan ingatan saya.

Doa Api Suci

Tuhan, hantarkan api pemurni-Mu ke tempat-tempat tersembunyi jiwaku.

Biarkan api cinta mencairkan setiap dendam dan kemarahan.

Jadikan abu kesalahan menjadi minyak belas kasihan.

Ajarlah aku untuk mengampuni sebagaimana Engkau mengampuni aku di kayu Salib.

Pengisytiharan Kemenangan

Hati saya bersih; semangat saya betul.

Kedamaian mengalir seperti sungai dalam diriku.

Meterai

Demi Darah dan dengan api suci, kepahitan tidak berakar dalam diri saya lagi. Amin.

Kesyukuran

Terima kasih, Tuhan, kerana menggantikan kemarahan dengan cinta dan air mata dengan kegembiraan.

TITIK API 13 — API TUJUAN, NYATAKAN PANGGILAN DAN TAKDIRKU

Ada tertulis:

"Di mana tidak ada penglihatan, manusia binasa." — Amsal 29:18

"Keghairahan terhadap rumah-Mu telah memakan saya." — Mazmur 69: 9

Pengakuan & Taubat

Tuhan, saya mengaku kelambatan saya untuk mematuhi dan ketakutan saya untuk melangkah ke dalam kehendak-Mu.

Maafkan saya kerana menguburkan bakat yang Engkau berikan.

Bersihkan aku dari kemalasan dan keraguan.

Doa Api Suci

Tuhan Elia, hantarkan api ke atas mezbahku sekali lagi.

Bangkitkan setiap hadiah, setiap mimpi, setiap tugasan yang tertulis di syurga tentang saya.

Biarkan semangat suci memakan sikap acuh tak acuh; biarkan semangat untuk jiwa membakar diri saya.

Di mana saya hilang fokus, kembalikan pandangan saya kepada Yesus.

PENGISYTIHARAN KEMENANGAN

Saya adalah api di tangan Tuhan.

Tujuan hidup dalam diri saya; hari-hariku ditentukan oleh Tuhan.

Meterai

Dengan Darah Yesus dan Api Roh-Nya, takdir saya dimeteraikan dalam kemuliaan. Amin.

Kesyukuran

Terima kasih, Bapa, kerana menghidupkan semula cinta pertama saya dan mengurapi saya untuk kesan.

TITIK API 14 — API REZEKI, PECAHKAN TAKUT KEKURANGAN

Ada tertulis:

"TUHAN akan memerintahkan berkat kepadamu di dalam perbendaharaanmu." — Ulangan 28: 8

"Tetapi Allahku akan memenuhi segala keperluanmu menurut kekayaan dan kemuliaan-Nya dalam Kristus Yesus." — Filipi 4:19

Pengakuan & Taubat

Bapa, ampunilah saya kerana meragui pemeliharaan-Mu dan terlalu berpegang pada apa yang saya miliki.

Bersihkan aku dari ketamakan dan ketidakpercayaan; ajar aku redha.

Doa Api Suci

Tuhan yang memiliki kelimpahan, biarkan api iman memakan ketakutan akan hari esok.

Buka mata saya untuk melihat sumber yang telah Engkau letakkan di tangan saya.

Bakarlah setiap kutukan pembaziran dan kemiskinan.

Perintahkanlah berkatMu atas pekerjaan tanganku dan jadikanlah aku berkat bagi orang lain.

Pengisytiharan Kemenangan

Tuhan adalah Gembala saya; Saya tidak akan mahu.

Cawan saya habis ; Saya hidup dalam kecukupan ilahi.

Meterai

Dengan Darah dan Firman janji, Api rezeki mengelilingi hidup saya. Amin.

Kesyukuran

Terima kasih, Tuhan, kerana mengubah kekurangan menjadi kelimpahan dan mengajar saya untuk mempercayai kebaikan-Mu.

TITIK API 15 — API KESUCIAN, SUCIKAN MATA DAN KEHENDAKKU

Ada tertulis:

"Berbahagialah orang yang suci hatinya, sebab mereka akan melihat Allah." — Matius 5: 8

"Palingkan mataku daripada melihat kesia-siaan, dan hidupkanlah aku di jalan-Mu." — Mazmur 119: 37

Pengakuan & Taubat

Bapa Suci, saya mengaku pandangan dan pemikiran yang tidak murni yang telah mendukacitakan Roh-Mu.

Saya bertaubat untuk setiap imej dan keinginan yang telah mencemarkan jiwa saya.

Basuhlah aku dengan Darah-Mu dan pulihkan kesucian hatiku.

Doa Api Suci

Roh kekudusan, hantarkan api-Mu melalui khayalanku.

Membakar nafsu dan kesombongan; bersihkan hatiku sehingga aku hanya mengharap kepadaMu.

Biarkan nyala api-Mu membuat mata saya tertuju kepada Yesus.

Pakailah aku dengan cahaya yang begitu murni sehingga kegelapan tidak dapat melekat padaku.

PENGISYTIHARAN KEMENANGAN

Tubuh saya adalah bait Roh Kudus.

Saya dikhususkan untuk kegunaan Guru.

Kesucian dan kuasa berjalan bersama dalam saya.

Meterai

Dengan Darah Yesus dan Api pengudusan, saya dijaga suci dan tidak ternoda. Amin.

Kesyukuran

Terima kasih, Tuhan, kerana menjadikan hatiku tempat kediaman hadirat-Mu.

TITIK API 16 — API KEKUATAN, PATAHKAN SEMANGAT LETIH

Ada tertulis:

"Mereka yang menantikan TUHAN akan memperbaharui kekuatan mereka." — Yesaya 40:31

"Kegembiraan TUHAN adalah kekuatanmu." — Nehemia 8:10

Pengakuan & Taubat

Bapa, ampunilah keluh kesahku dan keputusasaanku.

Saya mengaku bahawa saya telah bergantung pada kekuatan saya sendiri.

Bersihkan saya, dan tiupkan hidup segar ke dalam roh saya.

Solat

Wahai Api Kekuatan, jatuhlah ke atasku sekarang.

Membakar keletihan dan putus asa.

Siramkan saya dengan tenaga ilahi untuk berlari dan tidak letih, berjalan dan tidak pengsan.

Pengisytiharan

Aku kuat di dalam Tuhan dan dalam kuasa kuasa-Nya.

Kegembiraannya memperbaharui saya setiap hari.

Meterai

Oleh Darah Anak Domba dan Firman janji-Nya, saya dimeteraikan dalam kekuatan ghaib. Amin.

Kesyukuran

Terima kasih, Tuhan, kerana mengangkat kepalaku dan memberiku kekuatan.

TITIK API 17 — API PERPADUAN, SIHATKAN HUBUNGANKU

Ada tertulis:

"Jika mungkin, sedapat mungkin, hiduplah damai dengan semua orang." — Roma 12:18

" Berusaha memelihara kesatuan Roh dalam ikatan damai sejahtera." — Efesus 4: 3

Pengakuan & Taubat

Tuhan, saya akui di mana kesombongan, cemburu, atau kata-kata kasar telah melukai orang lain.

Ampuni saya, dan ajar saya kerendahan hati Kristus.

Solat

Wahai Api Cinta, cairkan dinding antara saya dan mereka yang telah saya lukai.

Biarkan pengampunan mengalir dua arah.

Biarlah setiap keluarga dan persekutuan yang terpecah oleh perselisihan dipulihkan dalam nyala kedamaian-Mu.

Pengisytiharan

Saya seorang pendamai dan pembawa perdamaian.

Di mana saya berjalan, cinta Tuhan bertakhta.

METERAI

Demi Darah dan Api, saya menutup hubungan saya dengan belas kasihan dan pemahaman. Amin.

Kesyukuran

Terima kasih, Tuhan, kerana menyembuhkan hati dan mengikat kami bersama dalam kasih-Mu.

TITIK API 18 — API KESENANGAN, KEMBALIKAN IBADAH DAN KEGEMBIRAANKU

Ada tertulis :

"Di hadapan-Mu ada sukacita yang penuh." — Mazmur 16:11 senantiasa dalam Tuhan : dan sekali lagi Kukatakan: Bersukacitalah." — Filipi 4: 4

Pengakuan & Taubat

Bapa, ampunilah kedinginanku dalam beribadah dan rohku yang merungut.

Saya bertaubat kerana berkhidmat kepada-Mu tanpa kegembiraan.

Solat

Roh Tuhan Yang Hidup, nyalakan lagi api pujian dalam diriku.

Biarkan abu keputusasaan memberi laluan kepada lagu kemenangan.

Penuhilah mulutku dengan kesyukuran; penuhi tangan saya dengan pemujaan.

Pengisytiharan

Aku akan memberkati Tuhan pada setiap masa; Pujian kepada-Nya akan sentiasa di dalam mulutku.

Kegembiraan saya penuh dan tidak tersentuh.

Meterai

Oleh Darah Anak Domba dan minyak kegembiraan, pujian saya dimeteraikan untuk selama-lamanya. Amin.

Kesyukuran

Terima kasih, Tuhan, kerana memberi saya pakaian pujian untuk semangat berat.

TITIK KEBAKARAN 19 — API KEBERANIAN, PUTUSKAN KUASA TAKUT DAN INTIIDASI

Ada tertulis:

"Sebab Allah tidak memberikan kepada kita roh ketakutan, melainkan roh yang membangkitkan kekuatan, kasih dan ketertiban." — 2 Timotius 1: 7

"Kuatkan dan teguhkanlah hatimu, jangan takut." — Yosua 1: 9

Pengakuan & Taubat

Tuhan, saya mengaku bahawa ketakutan telah membatasi ketaatan saya dan membungkam saksi saya.

Ampuni aku kerana meragui kehadiran-Mu.

Solat

Wahai Api Keberanian, jatuhlah padaku.

Membakar rasa takut dan membangkitkan iman yang berani.

Biarlah singa Yehuda mengaum dalam diriku melawan setiap ancaman kegelapan.

Pengisytiharan

Saya tidak gentar, tabah, dan penuh iman.

Tuhan menyertai saya; oleh itu saya tidak akan berganjak.

METERAI

Dengan Darah, Firman, dan Api, hati saya dimeteraikan dengan keberanian yang suci. Amin.

Kesyukuran

Terima kasih, Tuhan, kerana mengubah ketakutan saya menjadi iman yang tidak gentar.

TITIK KEBAKARAN 20 — API PENJAGAAN, MENGELILINGI RUMAH SAYA DAN ORANG TERSAYANG

Ada tertulis:

"Sebab Aku, demikianlah firman TUHAN, akan menjadi tembok api baginya sekelilingnya." — Zakharia 2: 5

"Malaikat TUHAN berkemah di sekeliling mereka yang takut akan Dia, dan melepaskan mereka." — Mazmur 34: 7

Pengakuan & Taubat

Bapa, ampunilah segala kelalaian dalam doa untuk rumah tanggaku.

Basuh pintu dan dinding kita dengan Darah Yesus.

Solat

Ya Tuhan Semesta Alam, kelilingi rumahku dengan api hidup-Mu.

Biarkan setiap pintu masuk diliputi oleh Darah.

Biarkan kedamaian memerintah di dalam tembok kita dan kebenaran di dalam hati kita.

Mengusir jauh setiap pengaruh keganasan, perpecahan, atau putus asa.

Pengisytiharan

Rumahku adalah milik Tuhan.

Malaikat menonton; keamanan tinggal; kemuliaan kekal.

Meterai

Dengan Darah, Firman, dan Api, saya menutup kediaman saya dalam perlindungan ilahi. Amin.

Kesyukuran

Terima kasih, Tuhan, kerana menjadikan kediamanku tempat kudus kehadiran-Mu.

TITIK KEBAKARAN 21 — KEBAKARAN PEMULIHAN ATAS BARISAN KELUARGA SAYA

Ada tertulis:

"Dan Aku akan mengembalikan kepadamu tahun-tahun yang telah dimakan belalang." — Yoel 2:25

"Keturunan orang benar akan dilepaskan." — Amsal 11:21

Pengakuan & Taubat

Tuhan, saya mengakui bahawa keluarga saya telah sesat, melanggar ikrar, dan menyemai perselisihan.

Maafkan kami; sembuhkan keturunan kami melalui Darah Yesus.

Fokus Solat

Fokus Menteri: Pimpin orang yang beriman dalam memberkati setiap generasi dengan nama.

Bapa, hantarkan api pemulihan-Mu melalui garis keturunan kami.

Biarlah setiap pemberian, martabat, dan berkat yang terkubur pada generasi yang lalu bangkit kembali dalam kesolehan.

Pengisytiharan

Keluarga saya adalah pokok yang ditanam semula di tepi sungai kehidupan.

Akar kita minum dari kasih karunia Tuhan, dan buah kita akan memberi makan bangsa-bangsa.

Meterai

Oleh Darah dan oleh api kudus, kisah keluarga kami ditulis semula dalam Kristus. Amin.

Kesyukuran

Terima kasih, Tuhan, kerana mengubah kutuk menjadi berkat dan menyatukan generasi dalam perjanjian-Mu.

TITIK API 22 — API PENYEMBUHAN DALAM BADAN DAN JIWA

Ada tertulis:

"Akulah TUHAN yang menyembuhkan engkau." — Keluaran 15:26

"Ia mengirimkan firman-Nya, dan menyembuhkan mereka." — Mazmur 107: 20

Pengakuan & Taubat

Bapa, ampunilah ketidakpercayaanku dan kelalaianku terhadap tubuh yang Engkau berikan kepadaku.

Bersihkan aku dari kepahitan yang melemahkan tulang.

Fokus Solat

Fokus Menteri: Jemput doa untuk kesempurnaan—penumpangan tangan atau pengurapan jika sesuai.

Tuhan Yesus, biarkan kebajikan penyembuhan-Mu mengalir melalui setiap sistem, organ, dan emosi.

Biarkan api suci mensterilkan setiap akar penyakit dan trauma.

Pengisytiharan

Oleh bilur-Mu aku sembuh; jiwa saya sejahtera.

Kehidupan mengalir melalui saya seperti api melalui emas.

Meterai

Darah Yesus dan Firman janji menutup kesihatan dan kedamaian saya. Amin.

Kesyukuran

Terima kasih, Tuhan, kerana menjadikan saya utuh dalam roh, jiwa, dan tubuh.

TITIK KEBAKARAN 23 — API PEMBEBASAN DARIPADA ASAS JAHAT

Ada tertulis:

"Jika asas-asasnya dihancurkan, apakah yang dapat dilakukan orang benar?" — Mazmur 11: 3

"Asas lain tidak dapat diletakkan seorang pun selain dari yang telah diletakkan, yaitu Yesus Kristus." — 1 Korintus 3:11

Pengakuan & Taubat

Tuhan, saya mengaku bahawa hidup saya dibina atas ketakutan, kebanggaan, dan tradisi.

Maafkan saya; menjadi satu-satunya asas di bawah saya.

Fokus Solat

Fokus Menteri: Pimpin orang percaya untuk meninggalkan corak lama dan mendedikasikan rumah, kerja, dan identiti mereka kepada Kristus.

Ya Tuhan, biarlah setiap tiang yang rosak runtuh.

Letakkan asas kebenaran dan kasih sayang-Mu jauh di dalam diriku.

Pengisytiharan

Hidup saya terletak pada Kristus Batu yang kukuh; badai boleh datang, tetapi saya tidak akan jatuh.

Meterai

Oleh Darah dan Api Yesus, asas saya tidak tergoyahkan. Amin.

Kesyukuran

Terima kasih, Tuhan, kerana membina semula aku di atas Batu yang tidak pernah bergerak.

TITIK KEBAKARAN 24 — API KEMENANGAN ATAS KEZALIMAN DAN KEZALIMAN

Ada tertulis:

"Tidak ada senjata yang dibentuk untuk melawanmu akan berhasil." — Yesaya 54:17

"TUHAN adalah tempat perlindungan bagi orang yang tertindas." — Mazmur 9: 9

Pengakuan & Taubat

Tuhan, saya mengampuni orang yang berbuat salah kepada saya.

Bersihkan aku daripada pembalasan dan ajar aku untuk mempercayai keadilan-Mu.

Fokus Solat

Fokus Menteri: Panduan pengakuan kesalahan; berdoa Mazmur 35 atau 91 dengan kuat.

Tuhan Keadilan, bangkitlah dalam nyala api-Mu dan sebarkan penindasan.

Biarkan kebenaran dan kedamaian mencium dalam cerita saya.

Pengisytiharan

Saya lebih daripada seorang penakluk; kebenaran dan belas kasihan menjaga jalanku.

METERAI

Darah dan Api Kristus menandakan saya sebagai pemenang dalam setiap ujian. Amin.

Kesyukuran

Terima kasih, Tuhan, kerana telah berjuang untuk saya dan memahkotai saya dengan kehormatan .

TITIK KEBAKARAN 25 — API KETERANGAN DAN PENGLIHATAN ROHANI

Ada tertulis:

"Bukalah mataku, supaya aku dapat melihat hal-hal yang ajaib dari hukum-Mu." — Mazmur 119: 18

"Jika matamu tunggal, seluruh tubuhmu akan menjadi terang." — Matius 6:22

Pengakuan & Taubat

Tuhan, ampunilah kebodohanku dan gangguanku oleh kebisingan duniawi.

Basuh pandanganku dalam Darah; biarkan saya melihat seperti yang Anda lihat.

Fokus Solat

Fokus Menteri: Berdoalah agar deria rohani orang beriman—penglihatan, pendengaran, persepsi—dipertajamkan.

Roh Kebenaran, nyalakan pelita dalam diriku.

Biarkan penglihatan palsu pudar dan wahyu benar menyala terang.

Pengisytiharan

Mataku melihat kemuliaan Tuhan.

Saya berjalan dalam cahaya; Saya melihat jalan damai.

METERAI

Dengan Darah Yesus dan Api penerangan, penglihatan batinku dikuduskan. Amin.

Kesyukuran

Terima kasih, Tuhan, kerana membuka mata saya untuk melihat keajaiban-Mu.

TITIK KEBAKARAN 26 — API KESTABILAN DALAM MUSIM PERUBAHAN

Ada tertulis:

"Yesus Kristus tetap sama kemarin, hari ini , dan selama-lamanya ." — Ibrani 13: 8

"Orang yang percaya kepada TUHAN akan seperti gunung Sion, yang tidak dapat bergoyang." — Mazmur 125: 1

Pengakuan & Taubat

Tuhan, ampuni kegelisahan saya dalam peralihan.

Aku telah meragui keteguhan-Mu; perbaharui imanku.

Fokus Solat

Bapa, sandarkan saya dalam Firman-Mu apabila segala-galanya berubah.

Biarkan api-Mu menempa kesabaran dan ketabahan dalam diriku.

Pengisytiharan

Saya mantap kerana Tuhan saya tidak pernah berubah.

Angin mungkin bertiup, tetapi rahmat mendalami saya.

Meterai

Dengan Darah, Firman, dan Api keteguhan, hati saya tertuju kepada Tuhan. �� Amin.

Kesyukuran

Terima kasih, Tuhan, kerana menjadi batu saya yang tidak berubah dalam dunia yang berubah.

TITIK API 27 — API HIKMAH UNTUK KEPUTUSAN DAN STRATEGI

Ada tertulis:

"Jika di antara kamu ada yang kekurangan hikmat, hendaklah ia meminta kepada Allah." — Yakobus 1: 5

"Telingamu akan mendengar perkataan di belakangmu, yang mengatakan: Inilah jalannya, ikutilah itu." — Yesaya 30:21

Pengakuan & Taubat

Tuhan, ampuni ketergesa-gesaan dan kemandirianku.

Ajarlah aku untuk menunggu nasihat-Mu.

Fokus Solat

Fokus Menteri: Galakkan diam dan mendengar di hadapan Tuhan.

Roh Kebijaksanaan, nyalakan api-Mu dalam fikiranku.

Bimbing langkah saya dengan jelas; biarlah kekeliruan hilang di hadapan suara-Mu.

Pengisytiharan

Saya mempunyai fikiran Kristus; Saya membuat keputusan dengan nasihat-Nya.

METERAI

Dengan Darah Yesus dan Api wahyu, jalan-jalanku diatur dalam kebijaksanaan. Amin.

Kesyukuran

Terima kasih, Tuhan, kerana membimbing saya ke jalan yang kekal.

TITIK API 28 — API PERKHIDMATAN SUCI DAN RENDAH HATI

Ada tertulis:

"Barangsiapa ingin menjadi ketua di antara kamu, hendaklah ia menjadi pelayanmu." — Matius 20:27

"Ia merendahkan diri dan taat sampai mati." — Filipi 2: 8

Pengakuan & Taubat

Tuhan, ampuni kesombongan dan keinginan untuk bertepuk tangan.

Basuhlah aku dalam kerendahan hati dan kembalikan kegembiraan berkhidmat.

Fokus Solat

Tuhan Yesus, bakarlah cita-cita yang mementingkan diri sendiri.

Biarkan api cintaMu menjadikanku hamba yang sejati kepada semua.

Gunakan tangan, perkataan, dan masa saya sebagai alat rahmat.

Pengisytiharan

Saya berkhidmat dengan gembira; Saya memimpin dengan cinta.

Kebesaran Kristus dinyatakan melalui saya.

Meterai

Dengan Darah dan Api kerendahan hati, saya dimeteraikan sebagai hamba yang setia. Amin.

Kesyukuran

Terima kasih, Tuhan, kerana menganggap saya layak untuk berkhidmat di rumah-Mu.

TITIK API 29 — API SYAFAAT DAN KASIH SAYANG UNTUK JIWA

Ada tertulis:

"Karena itu mintalah kepada Tuan yang empunya tuaian, supaya Ia mengirimkan pekerja-pekerja untuk tuaian itu." — Matius 9:38

"Doa yang khusyuk dari orang yang saleh sangat bermanfaat ." — Yakobus 5:16

Pengakuan & Taubat

Tuhan, ampunilah ketidakpedulianku terhadap yang tersesat.

Hancurkan hati saya untuk apa yang menghancurkan milik-Mu.

Fokus Solat

Fokus Menteri: Pimpin syafaat bagi negara, pemimpin, dan orang yang tidak diselamatkan.

Roh rahmat dan permohonan, bakar hatiku untuk jiwa-jiwa.

Biarkan doa saya menjadi saluran rahmat di seluruh bumi.

Pengisytiharan

Saya berdiri di jurang; doa saya adalah kemenyan di hadapan Tuhan.

METERAI

Dengan Darah Yesus dan Api belas kasihan, syafaat saya kekal. Amin.

Kesyukuran

Terima kasih, Tuhan, kerana telah berkongsi beban-Mu untuk dunia dengan saya.

TITIK API 30 — API KEGEMILANGAN DAN KEHADIRAN BERTERUSAN

Ada tertulis:

"Tetapi kita semua, dengan muka terbuka memandang kemuliaan Tuhan seperti dalam kaca, diubah." — 2 Korintus 3:18

"Sesungguhnya orang benar akan bersyukur kepada nama-Mu, orang jujur akan diam di hadapan-Mu." — Mazmur 140: 13

Pengakuan & Taubat

Tuhan, ampunilah aku kerana memandang remeh kehadiran-Mu.

Bersihkan saya dari gangguan dan kemuliaan diri.

Fokus Solat

Fokus Menteri: Pimpin ibadah sehingga kesedaran tentang kehadiran Tuhan memenuhi ruangan.

Bapa, biarlah kemuliaan-Mu naik seperti api di dalam dan di sekelilingku.

Mengambil najis; mendedahkan keindahan Yesus dalam hidup saya.

Pengisytiharan

Kemuliaan Tuhan meliputi aku; Kehadirannya adalah suasana saya.

Meterai

Demi Darah, Firman, dan Api kemuliaan-Nya, aku tersembunyi di hadapan-Nya selama-lamanya. Amin.

Kesyukuran

Terima kasih, Tuhan, kerana tinggal bersama saya dan menjadikan saya pembawa cahaya-Mu.

TITIK KEBAKARAN 31 — API PENDAHULUAN DAN TANGAN BERSIH

Ada tertulis:

"Siapakah yang akan naik ke bukit TUHAN, atau siapakah yang akan berdiri di tempat-Nya yang kudus? Dia yang bersih tangan dan suci hati." — Mazmur 24: 3–4

"Persembahkan tubuhmu sebagai persembahan yang hidup, yang kudus, yang berkenan kepada Allah." — Roma 12: 1

Pengakuan & Taubat :

Tuhan, saya bertaubat dari kompromi dan kecuaian. Bersihkan motif dan tindakanku dalam Darah-Mu.

Fokus Doa: Api penyucian, perhalusi motif saya. Biarkan semua yang saya lakukan berpunca dari cinta dan kebenaran. Fokus Menteri: memimpin dalam dedikasi semula kehidupan dan perkhidmatan.

Pengisytiharan

Tangan-Ku suci; kerja saya memuliakan Raja.

Meterai & Kesyukuran:

Oleh Darah dan dengan api kudus aku dikhususkan kepada Tuhan. Amin.

TITIK KEBAKARAN 32 — API KEPATUHAN DAN PENJELASAN

Ada tertulis:

"Menurut itu lebih baik daripada berkorban." — 1 Samuel 15:22

"Jika kamu mengasihi Aku, ikutilah perintah-Ku." — Yohanes 14:15

Pengakuan & Taubat:

Tuhan, ampunilah masa yang saya dengar tetapi tidak taat.

Fokus Doa: Roh Takut akan Tuhan, ukirlah ketaatan dalam hatiku. Selaraskan kehendakku dengan kehendak syurga.

Pengisytiharan:

Aku suka melakukan kehendak-Mu, ya Allah; Hukum-Mu ada dalam hatiku.

Meterai & Kesyukuran :

Dengan Darah dan Firman perjanjian saya berjalan dalam ketaatan yang penuh sukacita. Amin.

TITIK API 33 — API KEPERCAYAAN DAN KEPERCAYAAN YANG TIDAK TERGOYANG

Ada tertulis:

"Orang benar akan hidup oleh imannya." — Habakuk 2: 4

"Inilah kemenangan yang mengalahkan dunia, yaitu iman kita." — 1 Yohanes 5: 4

Pengakuan & Taubat:

Tuhan, ampunilah keraguan dan ketidakpercayaanku.

Fokus Doa: Roh Kudus, nyalakan kembali imanku. Biarkan setiap ketakutan meleleh sebelum janji-Mu.

Fokus Menteri: bercakap iman Kitab Suci dengan kuat; menggalakkan pengisytiharan amanah.

Perisytiharan : Saya percaya Tuhan; oleh itu aku melihat kemuliaan-Nya.

Meterai & Kesyukuran: Api iman menyala terang dalam diri saya selama-lamanya. Amin.

TITIK API 34 — API KEGEMBIRAAN DAN PUJI DALAM KEDERITAAN

Ada tertulis:

selalu dalam Tuhan ." — Filipi 4: 4

"Kegembiraan TUHAN adalah kekuatanmu." — Nehemia 8:10

Pengakuan & Taubat:

Tuhan, ampunilah keluhanku; ajar aku bersyukur.

Fokus Doa: Tuhan, biarlah pujian terbit seperti api di tengah-tengah ujian; tukarkan kesedihan kepada lagu.

Pengisytiharan:

Saya bergembira dengan iman; pujianku memutuskan rantai.

Meterai & Kesyukuran:

Demi Darah dan minyak kegembiraan, kegembiraan saya penuh. Amin.

TITIK API 35 — API RAHMAT DAN PENGAMPUNAN

Ada tertulis:

"Berbahagialah orang yang murah hati, sebab mereka akan beroleh belas kasihan." — Matius 5: 7

"Hendaklah kamu baik seorang terhadap yang lain... saling mengampuni, sebagaimana Allah oleh karena Kristus telah mengampuni kamu." — Efesus 4:32

Pengakuan & Taubat:

Tuhan, ampunilah kekerasan hatiku; ajarlah aku untuk memanjangkan belas kasihan.

Fokus Doa: Bapa, curahkanlah belas kasihan-Mu melalui saya sehingga saya menjadi alat penyembuhan bagi orang lain.

Pengisytiharan :

Aku berjalan dalam belas kasihan; kesalahan tidak mendapat tempat tinggal dalam diri saya.

Meterai & Kesyukuran:

Dengan Darah belas kasihan saya bebas untuk mengampuni dan diampuni. Amin.

TITIK API 36 — API SOLAT DAN AWAS

Ada tertulis:

"Berjaga-jagalah dan berdoalah, supaya kamu jangan jatuh ke dalam pencobaan." — Matius 26:41

"Lelaki hendaklah sentiasa berdoa, dan tidak pingsan." — Lukas 18: 1

PENGAKUAN & TAUBAT:

Tuhan, ampuni kelalaian dan gangguan.

Fokus Doa: Roh rahmat dan permohonan, bangunkan jam tanganku. Jadikanlah aku berjaga-jaga dalam Roh siang dan malam.

Pengisytiharan:

Mezbah-Ku menyala terus-menerus; Saya seorang penjaga di dinding.

Meterai & Kesyukuran:

Demi Darah dan Api ketekunan hidup doa saya tidak akan pernah padam. Amin.

TITIK KEBAKARAN 37 — API KEAMANAN DALAM RIBUT

Ada tertulis:

"Engkau akan memelihara dia dalam kedamaian yang sempurna, yang pikirannya tertuju kepadamu." — Yesaya 26: 3

" Damai sejahtera Kutinggalkan bagimu, damai sejahtera-Ku Kuberikan kepadamu." — Yohanes 14:27

Pengakuan & Taubat:

Tuhan, ampunilah panik dan bimbang;

Saya kembalikan pandangan saya kepada-Mu.

Fokus Doa: Putera Damai, hembuskan badai di sekelilingku; berkata, "Damai, diamlah."

Pengisytiharan:

Angin taat kepada Tuhanku; Saya berehat dalam ketenanganNya.

Meterai & Kesyukuran:

Dengan Darah pendamaian, kedamaian memerintah di dalam dan di luar. Amin.

TITIK KEBAKARAN 38 — KEBAKARAN PENGARUH KERAJAAN DAN KESAN

Ada tertulis:

"Kamu adalah terang dunia... kamu adalah garam dunia." — Matius 5: 13–14

"Bumi akan penuh dengan pengetahuan tentang kemuliaan TUHAN." — Habakuk 2:14

Pengakuan & Taubat:

Tuhan, ampuni menyembunyikan cahaya; maafkan kompromi sebagai saksi.

Fokus Doa: Roh Kudus, bakarlah pengaruhku; biarkan integriti dan cinta mengubah sfera saya.

Pengisytiharan:

Saya adalah terang dalam kegelapan, garam dengan harum , duta Raja.

Meterai & Kesyukuran:

Oleh Darah dan Api misi hidup saya bersinar dengan kesan kerajaan. Amin.

TITIK KEBAKARAN 39 — API KETAHANAN DAN RAHMAT PENAMAT

Ada tertulis:

"Barangsiapa bertahan sampai kesudahannya akan diselamatkan." — Matius 24:13

"Saya telah bertarung dengan baik, saya telah menamatkan kursus saya." — 2 Timotius 4: 7

Pengakuan & Taubat:

Tuhan, ampunilah semangat yang berhenti; perbaharui ketabahan dalam diri saya.

Fokus Doa: Kuatkan tanganku, kuatkan tekadku, biarlah api kesabaran menghaluskanku hingga aku selesai dengan baik.

Pengisytiharan:

Saya tekan ke arah tanda; tiada apa yang akan membuat saya berpatah balik.

Meterai & Kesyukuran:

Dengan Darah perjanjian dan api ketekunan, saya akan menyelesaikan dengan sukacita. Amin.

TITIK API 40 — API KEMULIAAN DAN IBADAH YANG KEKAL

Ada tertulis:

"Sekarang bagi Raja yang kekal, yang tidak berkematian, yang tidak kelihatan, satu-satunya Allah yang bijaksana, hormat dan kemuliaan sampai selama-lamanya." — 1 Timotius 1:17

"Dan mereka mengalahkan dia... dan mereka tidak mengasihi nyawa mereka sampai mati." — Wahyu 12:11

Pengakuan & Taubat:

Tuhan, ampunilah setiap kesombongan dan kesombongan diri; segala kemuliaan adalah milikMu.

Fokus Doa: Biarkan hidup saya menjadi ibadah yang berterusan; biarlah kemuliaan-Mu dinyatakan di dalam aku dan melalui aku untuk selama-lamanya.

Pengisytiharan:

Milikmulah kerajaan, kuasa, dan kemuliaan.

Aku hidup untuk menyembah Engkau selama-lamanya.

Meterai & Kesyukuran:

Oleh Darah Anak Domba dan Api penyembahan yang kekal, saya terikat kepada takhta rahmat. Amin.

PELAN HIDUP-IN-THE-WORD

Rangka Kerja Pembaharuan dan Refleksi Kitab Suci Harian

"Kitab Taurat ini tidak boleh lupa dari mulutmu, tetapi renungkanlah itu siang dan malam, supaya engkau bertindak hati-hati sesuai dengan segala yang tertulis di dalamnya, sebab dengan demikian perjalananmu akan berhasil dan engkau akan beruntung." — Yosua 1: 8

Pembebasan didukung oleh disiplin, dan disiplin didukung oleh Firman.

Yesus yang sama yang mengusir syaitan dalam Lukas 9 mengalahkan syaitan dalam Lukas 4 dengan Firman tertulis - "Ada tertulis."

Untuk kekal bebas, anda mesti kekal kenyang.

Pelan ini ialah tabiat pembaharuan harian anda — satu bab daripada Perjanjian Lama, satu daripada Perjanjian Baru — memberi makan kepada perjanjian dan rahmat, kebijaksanaan dan kuasa.

STRUKTUR BACAAN HARIAN

1. Baca Satu Bab daripada Perjanjian Lama

Mulakan dengan Kejadian dan bergerak ke hadapan mengikut rentak anda.

Lihat bagaimana Tuhan membina, memanggil, menebus, dan memulihkan.

2. Baca Satu Bab daripada Perjanjian Baru

Mulakan dengan Matius dan perjalanan melalui Wahyu.

Perhatikan bagaimana Yesus menggenapi apa yang diisytiharkan oleh Hukum dan Nabi.

3. Minta Roh Bercakap Sebelum Anda Membaca

Bisikkan doa ini:

"Roh Kudus, bukalah mataku untuk melihat hal-hal yang menakjubkan dari Firman-Mu." — Mazmur 119: 18

SOALAN REFLEKSI

Selepas membaca, tulis jawapan anda secara ringkas setiap hari.

Soalan-soalan ini akan menajamkan pendengaran anda dan mengubah bacaan menjadi wahyu.

1. Apakah yang Tuhan katakan?

Perhatikan sebarang perkataan langsung daripada Bapa — perintah, janji, atau amaran.

2. Apakah yang Yesus katakan?

Apakah yang diungkapkan oleh perkataan, mukjizat, atau tindakan-Nya tentang hati dan kerajaan-Nya?

3. Apakah yang dikatakan oleh Roh Kudus?

Bagaimanakah Roh menginsafkan, menghiburkan, atau membimbing saya melalui apa yang saya baca?

4. Apakah yang dikatakan oleh nabi, rasul, atau penulis melalui arahan Roh?

Kenal pasti prinsip ilahi di sebalik pengajaran atau kisah mereka.

5. Apakah yang saya pelajari?

Ringkaskan pandangan, pembetulan, atau galakan yang diterima hari ini.

6. Apakah yang diperintahkan atau diajar untuk saya lakukan?

Tuliskan mana-mana langkah ketaatan yang jelas.

7. Bagaimanakah saya harus menerapkannya?

Jadilah praktikal. Apakah yang boleh anda mulakan, hentikan atau ubah hari ini?

8. Bilakah saya perlu memohonnya?

Tetapkan garis masa atau tindakan segera (cth, "Hari ini," "Sebelum waktu tidur," "Mesyuarat seterusnya").

9. Selepas saya mengaplikasikannya, apakah hasilnya?

Catat keputusan atau perubahan dalaman yang anda perhatikan selepas ketaatan.

10. Apakah kesaksian itu?

Perhatikan apa yang anda boleh berterima kasih kepada Tuhan dan berkongsi dengan orang lain.

11. Siapa yang boleh saya kongsikan hari ini?

Setiap kebenaran menjadi benih apabila disemai. Cari satu orang untuk menggalakkan setiap hari.

MATLAMAT

Pada akhir setiap minggu, semak nota dan testimoni anda.

Tonton bagaimana respons anda bertambah mendalam, pendengaran anda lebih jelas, dan iman anda lebih mantap.

Dalam setahun, anda akan membaca seluruh Alkitab dan menulis catatan peribadi tentang pertemuan ilahi-bukti bahawa Firman Tuhan berfungsi.

INGAT

Kebebasan yang dikekalkan adalah kebebasan yang berlipat ganda.

Setiap kali anda membuka Alkitab, anda membuka pintu untuk Tuhan bercakap semula.

Ular tidak boleh menggigit di mana pagar Kitab Suci berdiri kukuh.

Biarkan Firman berdiam dengan limpah di dalam dirimu—memperbaharui fikiranmu, membersihkan motifmu, dan memperlengkapi mulutmu untuk selalu berkata, "Ada tertulis."

"Firman-Mu adalah pelita bagi kakiku, dan terang bagi jalanku." — Mazmur 119: 105

HIDUP DALAM PERKATAAN — CONTOH APLIKASI -1

Kejadian 3 dan Wahyu 3
(Contoh Kajian Harian Menggunakan Soalan Refleksi)

1. APAKAH YANG TUHAN katakan?

Kejadian 3:

Tuhan berkata bahawa kemaksiatan membuka pintu kepada penipuan dan kematian.

Dia menunjukkan diri-Nya sebagai Bapa yang memanggil walaupun selepas kegagalan: "Adam, di manakah engkau?" (v 9).

Penghakiman datang, namun belas kasihan berbicara—janji penebusan melalui "benih perempuan itu."

Wahyu 3:

Tuhan berkata Dia mengetahui kerja-kerja Gereja-Nya.

Dia memberi amaran kepada yang suam-suam kuku bahawa sikap acuh tak acuh sama berbahayanya dengan pemberontakan, tetapi menawarkan pintu terbuka kepada mereka yang tetap setia.

Dia berdiri di pintu dan mengetuk, masih menginginkan persekutuan.

2. Apakah yang Yesus katakan?

Dalam Kejadian 3, Yesus adalah Benih yang dijanjikan yang akan meremukkan kepala ular itu—Firman harapan tersembunyi Tuhan di tengah-tengah kutukan.

Dalam Wahyu 3, Yesus berbicara secara langsung: "Lihat, Aku berdiri di muka pintu dan mengetuk." Dia menyeru orang percaya kepada keintiman yang diperbaharui, berjanji: "Barangsiapa menang, akan Kuberikan duduk bersama-sama dengan Aku di takhta-Ku."

Dia berkata, "Kembali kepada cinta pertama. Buka pintu semula."

3. Apakah yang dikatakan oleh Roh Kudus?

Roh mengingatkan saya bahawa dosa bermula sebagai cadangan sebelum ia menjadi pemberontakan.

Dia mengingatkan saya untuk menjaga perbualan, pemikiran, dan keinginan yang mempersoalkan kebaikan Tuhan.

Dia juga berbisik, "Pastikan apimu tetap menyala; jangan menjadi suam-suam kuku."

4. Apakah yang dikatakan oleh nabi, rasul, atau penulis melalui arahan Roh?

Musa mencatat kejatuhan pertama manusia untuk menunjukkan asal usul setiap kehancuran—dan keperluan untuk Penebus.

Yohanes menulis Wahyu 3 untuk mendedahkan kepuasan rohani dan menyeru Jemaat untuk bertaubat.

Kedua-duanya mengkhotbahkan satu kebenaran: Tuhan masih menginginkan persekutuan; dosa dan berdikari mematahkannya.

5. Apakah yang saya pelajari?

Ketaatan mengekalkan saya di Eden; rasa ingin tahu tanpa sempadan menghalau saya keluar.

Suara Tuhan masih mencari saya apabila saya bersembunyi.

Yesus menghargai perhubungan di atas ritual—Dia mengetuk, bukan memaksa masuk.

Iman yang suam-suam kuku menyinggung perasaan Tuhan kerana ia menyalahgambarkan nafsu-Nya.

6. Apakah yang diperintahkan atau diajar untuk saya lakukan?

Dengar sebelum bertindak; mempersoalkan penggoda, bukan kebenaran.

Segera bertaubat apabila keyakinan datang.

Pastikan pintu hati saya terbuka untuk perjamuan harian.

Tetap bersemangat; mengekalkan suhu rohani melalui doa, penyembahan, dan ketaatan.

7. Bagaimanakah saya harus menerapkannya?

Mulakan setiap pagi dengan bertanya, "Tuhan, di manakah saya?"—menjemput Dia untuk mencari saya secara rohani.

Akhiri setiap hari dengan membuka hati saya yang baru: "Masuklah, Tuhan Yesus."

Tolak kandungan yang membangkitkan keraguan, nafsu atau kesombongan—pintu yang sama yang menipu Hawa.

Gantikan tatal terbiar dengan bacaan Kitab Suci; gantikan keluhan dengan rasa syukur.

8. Bilakah saya perlu memohonnya?

Serta-merta—hari ini.

Ular menggoda setiap hari; Juruselamat mengetuk setiap hari. Respons saya juga mesti setiap hari.

9. Selepas saya mengaplikasikannya, apakah hasilnya?

Kedamaian kembali dalam fikiran saya.

Godaan kehilangan suaranya kerana saya menjawab dengan, "Ada tertulis."

Persekutuan menjadi lebih mudah; solat terasa lebih ringan; tidur lebih lena.

Perkataan yang sama yang disabitkan juga menghiburkan.

10. Apakah kesaksian itu?

Apabila saya patuh dengan cepat, saya merasakan Eden terbuka semula di dalam.

Di mana malu pernah berbisik, kini rahmat bercakap lebih kuat.

Kehadiran Tuhan tidak lagi jauh; ia berjalan dengan saya pada hari yang sejuk.

Saya telah belajar bahawa pedang yang bernyala-nyala di pintu gerbang Eden tidak pernah menghalang saya keluar—tetapi untuk menghalang dosa daripada masuk kembali.

11. Siapa yang boleh saya kongsikan hari ini?

Sahabat yang rasa tidak layak untuk Tuhan setelah jatuh semula.

Saya akan memberitahu mereka: "Dia masih berjalan di taman sambil memanggil nama anda."

Dan kepada orang lain yang telah letih dalam iman, saya akan berkongsi Wahyu 3:20—Dia masih mengetuk.

Ringkasan Wawasan

Dari Kejadian 3 hingga Wahyu 3, kisahnya adalah sama:

Tuhan terus mencari persekutuan; manusia terus menutup pintu; namun rahmat terus mengetuk.

Pembebasan bermula apabila saya membuka pintu semula—sepenuhnya, setiap hari, dengan gembira.

"Lihat, Aku telah menyediakan pintu yang terbuka di hadapanmu, dan tidak seorang pun dapat menutupnya." — Wahyu 3: 8

HIDUP DALAM PERKATAAN — CONTOH APLIKASI 2

Kejadian 6 dan Lukas 4
(Contoh Kajian Harian Menggunakan Soalan Refleksi)

1. APAKAH YANG TUHAN katakan?

Kejadian 6:

Tuhan berkata bahawa kejahatan yang tidak terkendali mendukacitakan hati-Nya.

Dia melihat kerosakan manusia dan menyatakan bahawa Roh-Nya tidak akan berusaha dengan daging selama-lamanya.

Namun dalam penghakiman, Dia mengingat belas kasihan—Dia memilih Nuh sebagai orang yang mendapat rahmat.

Lukas 4:

Tuhan berkata bahawa kemenangan atas pencobaan datang melalui ketaatan kepada Firman-Nya.

Yesus, dipenuhi dengan Roh Kudus, menghadapi iblis dan menang melalui Kitab Suci.

Tuhan menegaskan bahawa FirmanNya adalah senjata dan pertahanan yang mencukupi .

2. Apakah yang Yesus katakan?

Dalam Kejadian 6, Yesus adalah Tabut keselamatan yang akan datang—dibayangkan dalam ketaatan Nuh.

Dalam Lukas 4, Yesus bercakap secara langsung kepada musuh: "Ada tertulis."

Dia mengajar bahawa setiap orang percaya boleh berdiri teguh dengan mengetahui, mempercayai, dan mengisytiharkan Firman Tuhan.

3. Apakah yang dikatakan oleh Roh Kudus?

Dia memberi amaran: "Jaga persekitaran dan imaginasi anda."

Rasuah bermula apabila manusia mengambil apa yang menyenangkan mata mereka dan bukannya apa yang diredhai Tuhan.

Dia menggesa pembaharuan berterusan melalui Kitab Suci dan doa, mengingatkan bahawa godaan selalu menyerang identiti terlebih dahulu —" Jika Engkau Anak Tuhan..."

4. Apakah yang dikatakan oleh nabi, rasul, atau penulis melalui arahan Roh?

Musa mendedahkan bahawa dosa, sekali dibiarkan, merebak melalui generasi; ketaatan, apabila dipilih, memelihara keturunan.

Lukas mencatatkan bahawa walaupun Anak Tuhan menghadapi godaan, menunjukkan kepada orang percaya bahawa kekudusan dibuktikan dengan ketaatan yang diuji, bukan pengasingan.

5. Apakah yang saya pelajari?

Kekudusan melindungi; tolak ansur mengundang kemusnahan.

Rahmat boleh memelihara seorang lelaki dalam dunia yang korup.

Kitab yang diucapkan dalam iman membungkam pembohongan musuh.

Godaan dikalahkan oleh kebenaran yang telah dimuatkan sebelumnya, bukan panik saat akhir.

6. Apakah yang diperintahkan atau diajar untuk saya lakukan?

Binalah bahtera ketaatan—disiplin harian yang melindungi jiwaku.

Simpan Firman sebelum ribut.

Lawan setiap cadangan yang mempersoalkan kebaikan atau masa Tuhan.

Hidup untuk menyenangkan Roh, bukan orang ramai.

7. BAGAIMANAKAH SAYA harus menerapkannya?

Asingkan ibadah pagi dan petang sebagai masa "bahtera" saya.

Menghafal satu ayat setiap godaan yang sering saya hadapi.

Tutup pintu digital dan emosi yang membanjiri fikiran saya dengan kekotoran.

Pilihlah kebenaran walaupun ia membuatkan saya berdiri sendiri, seperti Nuh.

8. Bilakah saya perlu memohonnya?

Sekarang.

Air bah tidak menunggu Nuh menyelesaikan perancangan; dia terpaksa mula membina dengan segera.

Godaan tidak pernah menjadualkan janji temu—ia datang apabila kita tidak bersedia.

9. Selepas saya mengaplikasikannya, apakah hasilnya?

Kedamaian menggantikan ketakutan.

Kitab Suci menjadi hidup semasa detik-detik tekanan.

Daripada bertindak balas, saya menjawab dengan "Sudah tertulis."

Semangat saya menjadi lebih kuat daripada dorongan saya.

10. Apakah kesaksian itu?

Ketaatan membina bahtera saya sebelum hujan bermula.

Saya belajar bahawa satu ayat yang dipercayai lebih kuat daripada seribu ketakutan.

Seperti Nuh, saya mendapati bahawa rahmat masih menemui mereka yang berjalan dengan Tuhan;

seperti Yesus, saya membuktikan bahawa Firman masih menang di padang gurun.

11. Siapa yang boleh saya kongsikan hari ini?

Seorang penganut muda yang tertekan oleh tekanan budaya.

Saya akan memberitahu mereka: "Binalah awal-awal, jangan tunggu banjir, sampaikan Firman sebelum ribut."

Ringkasan Wawasan

Kejadian 6 memberi amaran terhadap rasuah yang mengundang penghakiman.

Lukas 4 mendedahkan penawarnya—Yesus, Firman yang hidup, mengalahkan setiap godaan dengan kebenaran bertulis.

Di mana Nuh membina bahtera kayu, Yesus membina bahtera perkataan.

Kedua-duanya masih menyimpan hari ini.

"Rumput menjadi kering , bunga menjadi layu , tetapi firman Tuhan kita akan tetap untuk selama-lamanya ." — Yesaya 40: 8

HIDUP DALAM PERKATAAN — CONTOH APLIKASI 3

Keluaran 14 dan Kisah 16
(Contoh Kajian Harian Menggunakan Soalan Refleksi)

1. APAKAH YANG TUHAN katakan?

Keluaran 14:

Tuhan berkata, "Berdirilah diam dan lihatlah keselamatan-Ku."

Apabila umat-Nya mencapai lautan yang mustahil, Dia membuktikan bahawa kemustahilan adalah pentas untuk kemuliaan-Nya.

Dia memerintahkan pergerakan dengan iman —" Majulah." Air hanya berpisah apabila ketaatan masuk.

Kisah 16:

Tuhan berkata, "Pujilah Aku pada tengah malam."

Paul dan Silas, dipukul dan dirantai, berdoa dan menyanyi sehingga langit menggoncangkan bumi.

Pintu dibuka bukan dengan usaha tetapi dengan ibadah.

Tuhan masih menghuni pujian umat-Nya.

2. Apakah yang Yesus katakan?

Dalam Keluaran 14 Dia adalah Kapten ghaib yang berdiri di antara Israel dan musuh—tiang awan dan api.

Dalam Kisah 16 Dia adalah Pembebas yang mengubah penjara menjadi mimbar.

Yesus berkata, "Jangan takut. Apabila kamu mengangkat Aku, rantai jatuh."

3. Apakah yang dikatakan oleh Roh Kudus?

Roh berbisik, "Ketaatan membuka lautan; penyembahan memutuskan rantai."

Dia mendesak saya untuk berhenti menganalisis dan mula maju.

Dia mengajar bahawa iman dan pujian adalah bahasa kemenangan.

4. Apakah yang dikatakan oleh nabi, rasul, atau penulis melalui arahan Roh?

Musa mencatat mukjizat Laut Merah untuk mendedahkan penguasaan Tuhan ke atas alam dan negara.

Lukas menulis Kisah 16 untuk menunjukkan bahawa Injil tidak boleh dipenjarakan.

Kedua-duanya mengisytiharkan bahawa keadaan mungkin mengelilingi orang percaya, tetapi kehadiran Tuhan memberikan dalam.

5. Apakah yang saya pelajari?

Panik menangguhkan keajaiban; ketaatan membebaskan mereka.

Allah memperjuangkan mereka yang tetap bertawakal.

Memuji dalam kesakitan membingungkan musuh lebih daripada menjerit kepadanya.

Setiap halangan menyembunyikan peluang untuk kesaksian.

6. Apakah yang diperintahkan atau diajar untuk saya lakukan?

Bergerak ke hadapan walaupun saya tidak dapat melihat laluannya.

Aduan perdagangan untuk ibadah.

Percayalah pada masa Tuhan—Dia membelah lautan pada tengah malam semudah pada waktu subuh.

Galakkan orang lain menyanyi semasa masih dirantai.

7. Bagaimanakah saya harus menerapkannya?

Apabila ketakutan meningkat, berhenti menjelaskan dan mula menyatakan janji Tuhan.

Mulakan setiap pagi dengan lagu penyembahan dan bukannya kebimbangan.

Dalam krisis, berhenti sebentar untuk bertanya, "Apakah yang Tuhan minta saya lakukan seterusnya?"

Simpan senarai terima kasih sebagai "buku lagu" peribadi saya.

8. Bilakah saya perlu memohonnya?

Serta-merta—iman yang tertunda adalah iman yang berkurangan.

Setiap detik Laut Merah dan setiap sel tengah malam memerlukan kepercayaan segera.

9. Selepas saya mengaplikasikannya, apakah hasilnya?

Kedamaian menggantikan panik.

Saya mula melihat jalan Tuhan di mana saya pernah melihat hanya tekanan.

Pujian melalui air mata membawa penyelesaian yang tidak dijangka; dinding yang saya fikir kekal mula bergerak.

10. Apakah kesaksian itu?

Ketaatan membuka pintu yang tiada kunci boleh muat.

Apabila saya menyembah dalam kelemahan, saya bertemu dengan Tuhan kekuatan.

Seperti Israel, Aku berjalan di tanah yang kering; seperti Paul, saya menyanyi jalan keluar dari kurungan.

Firman itu bekerja.

11. Siapa yang boleh saya kongsikan hari ini?

Sesiapa yang berdiri di hadapan laut yang mustahil atau duduk di dalam sel yang senyap.

Saya akan memberitahu mereka: "Teruslah bergerak. Teruskan menyanyi. Tuhan masih membelah lautan dan menggoncangkan penjara."

Ringkasan Wawasan

Keluaran 14 menunjukkan bahawa ketaatan membawa pembebasan luaran.

Kisah 16 menunjukkan bahawa penyembahan membawa pembebasan dalaman.

Bersama-sama mereka membuktikan bahawa Tuhan yang membelah air masih memutuskan rantai.

Kebebasan bukanlah ketiadaan masalah-ia adalah kehadiran iman yang dipenuhi api di tengah-tengahnya.

"Tuhan akan berperang untuk kamu, dan kamu akan diam." — Keluaran 14:14

"Pada tengah malam Paulus dan Silas berdoa dan menyanyikan pujian kepada Allah." — Kisah 16:25

KESIMPULAN

"Dia menjadikan hamba-hamba-Nya seperti nyala api." — Ibrani 1: 7

Pembebasan bukanlah pengakhiran perjalanan; ia adalah pintu menuju takdir.

Empat puluh pengisytiharan harian ini tidak pernah dimaksudkan untuk berakhir dengan rutin—ia direka untuk menyemarakkan gaya hidup.

Anda tidak hanya berdoa melalui halaman; kamu telah membina semula mezbah hatimu.

Kamu telah menukar ketakutan dengan iman, kelemahan dengan ibadah, dan kekeliruan dengan persekutuan.

Kini datang ujian sebenar kemenangan: pemeliharaan melalui keintiman.

Teruskan api anda menyala.

Disiplin yang sama yang menyalakan api ini akan memastikan ia tetap hidup.

Beri makan dengan Firman setiap hari; melindunginya dengan ketaatan; sebarkan melalui kasih sayang dan perkhidmatan.

Musuh yang pernah anda takuti kini takut akan cahaya yang anda bawa.

Anda tidak lagi menjadi mangsa peperangan; anda adalah kapal Raja Pahlawan.

Roh yang sama yang membangkitkan Yesus daripada kematian kini menghidupkan tubuh fana anda, memenuhi fikiran anda dengan kedamaian, dan membanjiri rumah anda dengan kehadiran-Nya.

"Sebab dahulu kamu adalah kegelapan, tetapi sekarang kamu adalah terang di dalam Tuhan: hiduplah sebagai anak-anak terang." — Efesus 5: 8

Jangan pandang belakang. Jangan buka semula pintu yang telah ditutup oleh rahmat.

Jaga pagar. Pastikan lampu dipangkas dan menyala.

Dan apabila ujian datang, ingatlah Yesus di padang gurun—Dia menjawab setiap suara kegelapan dengan "Ada tertulis."

Biarkan pedang anda sentiasa tajam di mulut anda.

Komisen anda

1. Tetap dalam Firman - Kitab Suci adalah oksigen anda; bernafas setiap hari.

2. Kekal dalam Persekutuan - Pengasingan melemahkan api; perpaduan melipatgandakannya.

3. Tetap Bersyukur – Kesyukuran memastikan pintu syurga terbuka.

4. Teruskan Tugasan - Anda tidak dihantar untuk duduk; anda dihantar untuk berkhidmat.

Tuhan yang memulakan kerja penyucian ini akan menyempurnakannya.

Anda kini adalah mezbah yang hidup—kediaman-Nya, saksi-Nya, nyala-Nya.

Angkat suara anda dan nyatakan dengan iman:

"Tuhan, aku milik-Mu—tubuh, jiwa, dan roh.

Biarlah api-Mu tidak padam di atas mezbahku.

Gunakan hidupku untuk menerangi orang lain sehingga bangsa-bangsa melihat kemuliaan-Mu."

Amin.

Bagaimana untuk Dilahirkan Semula dan Mulakan Kehidupan Baru bersama Kristus

Mungkin anda pernah berjalan bersama Yesus sebelum ini, atau mungkin anda baru sahaja bertemu Dia sepanjang 40 hari ini. Tetapi sekarang, sesuatu dalam diri anda sedang bergolak.

Anda bersedia untuk lebih daripada agama.

Anda sudah bersedia untuk **hubungan** .

Anda sudah bersedia untuk berkata, "Yesus, saya perlukan Engkau."

Inilah kebenarannya:

"Sebab semua orang telah berbuat dosa; kita semua tidak mencapai standar kemuliaan Allah... tetapi Allah, dalam kasih karunia-Nya, dengan bebas membenarkan kita di hadapan-Nya."

— Roma 3:23–24 (NLT)

Anda tidak boleh memperoleh keselamatan.

Anda tidak boleh memperbaiki diri sendiri. Tetapi Yesus telah membayar harga penuh — dan Dia sedang menunggu untuk mengalu-alukan anda pulang.

Bagaimana untuk Dilahirkan Semula

Dilahirkan semula bermakna menyerahkan hidup anda kepada Yesus - menerima pengampunan-Nya, percaya Dia telah mati dan bangkit semula, dan menerima Dia sebagai Tuhan dan Juruselamat anda.

Mudah sahaja. Ia berkuasa. Ia mengubah segala-galanya.

Doakan Ini dengan lantang:

"Tuhan Yesus, saya percaya Engkau adalah Anak Tuhan.

Saya percaya Engkau telah mati untuk dosa-dosa saya dan bangkit semula. Saya mengaku bahawa saya telah berdosa dan saya memerlukan pengampunan-Mu. Hari ini, saya bertaubat dan berbalik dari jalan lama saya. Saya menjemput-Mu ke dalam hidup saya untuk menjadi Tuhan dan

Juruselamat saya. Basuhlah saya bersih. Penuhi saya dengan Roh-Mu. Saya menyatakan bahawa saya dilahirkan semula, diampuni-Mu, dan saya akan terus maju.F. untuk menyelamatkan saya dalam nama Yesus, amin.

Langkah Seterusnya Selepas Keselamatan

1. **Beritahu Seseorang** - Kongsi keputusan anda dengan orang percaya yang anda percayai.
2. **Cari Gereja Berasaskan Alkitab** – Sertai komuniti yang mengajar Firman Tuhan dan mengamalkannya. Lawati kementerian Helang Tuhan dalam talian melalui https://www.otakada.org [1]atau https://chat.whatsapp.com/H67spSun32DDTma8TLh0ov
3. **Dapatkan Dibaptis** – Ambil langkah seterusnya secara terbuka untuk mengisytiharkan iman anda.
4. **Baca Alkitab Setiap Hari** – Mulakan dengan Injil Yohanes.
5. **Berdoa Setiap Hari** – Bercakap dengan Tuhan sebagai kawan dan Bapa.
6. **Kekal Terhubung** – Kelilingi diri anda dengan orang yang menggalakkan berjalan kaki baharu anda.
7. **Mulakan Proses pemuridan dalam komuniti** – Kembangkan hubungan satu lawan satu dengan Yesus Kristus melalui pautan ini

Pemuridan 40 hari 1 - https://www.otakada.org/get-free-40-days-online-discipleship-course-in-a-journey-with-jesus/

40 Kemuridan 2 - https://www.otakada.org/get-free-40-days-dna-of-discipleship-journey-with-jesus-series-2/

1. https://www.otakada.org

Detik Keselamatan Saya

Tarikh : ______________________

Tandatangan : _____________________

"Barangsiapa ada di dalam Kristus, ia adalah ciptaan baru; yang lama sudah berlalu, yang baru sudah datang!"

— 2 Korintus 5:17

Sijil Kehidupan Baru dalam Kristus

Deklarasi Keselamatan – Dilahirkan Semula oleh Rahmat

Ini memperakui bahawa

____

(Nama Penuh)

telah mengisytiharkan secara terbuka **iman kepada Yesus Kristus** sebagai Tuhan dan Juruselamat dan telah menerima hadiah keselamatan percuma melalui kematian dan kebangkitan-Nya.

"Jika kamu dengan terang-terangan menyatakan bahawa Yesus adalah Tuhan dan percaya dalam hatimu bahawa Allah telah membangkitkan Dia dari antara orang mati, kamu akan diselamatkan."

— Roma 10:9 (NLT)

Pada hari ini, syurga bergembira dan perjalanan baru bermula.

Tarikh Keputusan : ________________________

Tandatangan : ______________________________

Pengisytiharan Keselamatan

"Hari ini, saya menyerahkan hidup saya kepada Yesus Kristus.

Saya percaya Dia mati untuk dosa-dosa saya dan bangkit semula. Saya menerima Dia sebagai Tuhan dan Juruselamat saya. Saya diampuni, dilahirkan semula, dan dijadikan baru. Mulai saat ini dan seterusnya, saya akan berjalan mengikut jejak-Nya."

Selamat datang ke Keluarga Tuhan!

Namamu tertulis dalam Kitab Kehidupan Anak Domba.

Kisah anda baru bermula — dan ia kekal abadi.

BERHUBUNG DENGAN KEMENTERIAN HELANG ALLAH

- laman web: www.otakada.org[1]
- Siri Wealth Beyond Worry: www.wealthbeyondworryseries.com[2]
- E-mel: ambassador@otakada.org

- **Sokong kerja ini:**

Sokong projek kerajaan, misi dan sumber global percuma melalui pemberian yang diterajui perjanjian.

Imbas Kod QR untuk Memberi

https://tithe.ly/give?c=308311

Kemurahan hati anda membantu kami menjangkau lebih ramai jiwa, menterjemah sumber, menyokong mubaligh, dan membina sistem pemuridan secara global. terima kasih!

Give in the Spirit of Luke 6:38

1. https://www.otakada.org

2. https://www.wealthbeyondworryseries.com

3. SERTAI KOMUNITI Perjanjian WhatsApp Kami

Terima kemas kini, kandungan ibadah, dan berhubung dengan orang percaya yang berfikiran perjanjian di seluruh dunia.

Imbas untuk Sertai

https://chat.whatsapp.com/H67spSun32DDTma8TLh0ov

Mengenai Pengarang

Zacharias Godseagle

Zacharias Godseagle , adalah suara kenabian dan guru dengan semangat untuk menghidupkan Firman Tuhan dalam hati orang yang beriman. Dikenali dengan pandangan mendalam tentang peperangan rohani, doa, dan pembebasan, dia telah mengarang pelbagai ibadah dan panduan kenabian yang memberi inspirasi kepada perubahan dalam individu, keluarga dan negara. Tulisannya menekankan penerapan praktis Kitab Suci untuk kemenangan harian dan kemajuan kerajaan.

Selesa Ladi Ogbe

Selesa Ladi Ogbe adalah seorang wanita yang berdoa, syafaat, dan pelayanan praktikal. Dia telah mendedikasikan hidupnya untuk memelihara jiwa, membesarkan pendoa syafaat, dan melengkapkan wanita dan keluarga untuk hidup dalam keutuhan—roh, jiwa, dan tubuh. Pengajaran dan penjagaan pastoralnya mencerminkan hati yang penuh belas kasihan, menarik orang ke dalam pelukan penyembuhan Kristus dan memperkasakan mereka untuk menemui takdir yang dianugerahkan Tuhan mereka.

Duta Isnin O. Ogbe

Duta Besar Monday O. Ogbe ialah **Ahli Strategi Transformasi Nasional** , menteri dan perunding yang menghubungkan kepercayaan, tadbir urus dan strategi keselamatan. Beliau ialah pengasas **God's Eagle Ministries (GEM)** dan telah memainkan peranan penting dalam membangunkan pelan tindakan negara untuk kepimpinan, keselamatan dan transformasi, menggunakan prinsip kerajaan. Tulisan dan ajarannya menyeru orang percaya untuk bangkit sebagai pembaharu, membina semula negara melalui wawasan, teknologi, dan kerjasama, sambil kekal berakar dalam doa dan peperangan rohani.

Penerbit

Buku ini diterbitkan di bawah cetakan bersama **Zacharias Godseagle** dan **God's Eagle Ministries (GEM)** , sebuah kementerian yang didedikasikan untuk melengkapkan Tubuh Kristus dengan alat untuk pemuridan, pembebasan, dan transformasi di negara-negara.

BUKU & SUMBER CADANGAN

Disimpan tetapi Hilang – The Undiscipled Convert – diterjemahkan ke dalam 25 bahasa

Paperback

https://shop.ingramspark.com/b/084?params=iYNB6S3PLMfREpm0jMM15bMe3BvWlkjcYyLYnHVGAds

Ebook - https://www.amazon.com/SAVED-BUT-LOST-UNDISCIPLED-heartbreak-ebook/dp/B0FVJ29DF7

7 HARI PERANG ROHANI & PEMULIHAN - ini adalah Bahagian 1

Mengikat Musuh, Memulangkan Anak Panah Berlipat Tujuh kali ganda, dan Memulihkan Nasib Anda

https://shop.ingramspark.com/b/084?params=8mPzqUl73Ex7uPyeO7ydyt8EGkkB6u2gX1jZvWU8j1C

Pautan e-buku - https://www.amazon.com/DAYS-SPIRITUAL-WARFARE-RECOVERY-Returning-ebook/dp/B0FMPJM5KZ

7 HARI PERANG ROHANI & PEMULIHAN - Bahagian 2 - Memeterai Kemenangan, Memecahkan Kejahatan Rumah Tangga, dan Memelihara Nasib Anda yang Dipulihkan

PAPERBACK - https://shop.ingramspark.com/b/084?params=LkpNmGSsApHhWhiSO7bW3wFmcXQKIO4ZEBeSbP5rL1S

Ebook - https://www.amazon.com/DAYS-SPIRITUAL-WARFARE-RECOVERY-Wickedness-ebook/dp/B0FR9YCMY8

DARI KEGELAPAN KEPADA PENGUASAAN: 40 Hari untuk Melepaskan Genggaman Tersembunyi Kegelapan

Ibadah Kesedaran, Pembebasan & Kuasa Global - Untuk Individu, Keluarga dan Negara Sedia Bebas

PAPERBACK

https://shop.ingramspark.com/b/084?params=aVgp21QfwJxNANkfMxIQ0yejuFCVY12KFr978SRkZUD

Amazon - https://www.amazon.com/DARKNESS-DOMINION-Devotional-Awareness-Deliverance-ebook/dp/B0FLDH2Y67

- *Dihantar dari Kuasa Kegelapan* (Kembali Kertas) — Beli Di Sini [1]| Ebook [2]di Amazon[3]

- **Ulasan Teratas dari Amerika Syarikat:**
  - **Pelanggan Kindle** : "Bacaan Kristian Terbaik yang pernah ada!" (5 bintang)

PUJILAH YESUS ATAS kesaksian ini. Saya telah diberkati dan akan mengesyorkan setiap orang untuk membaca buku ini... Kerana upah dosa ialah maut tetapi karunia Tuhan ialah hidup yang kekal. Syalom! Syalom!

- **Da Gster** : "Ini adalah buku yang sangat menarik dan agak pelik." (5 bintang)

Jika apa yang dikatakan dalam buku itu benar maka kita benar-benar jauh ketinggalan daripada apa yang mampu dilakukan oleh musuh! ... Satu kemestian bagi sesiapa yang ingin belajar tentang peperangan rohani.

---

1. https://shop.ingramspark.com/b/084?params=oeYbAkVTC5ao8PfdVdzwko7wi6IQimgJY2779NaqG4e
2. https://www.amazon.com/Delivered-Power-Darkness-AFRICAN-DELIVERED-ebook/dp/B0CC5MM4MV
3. https://www.amazon.com/Delivered-Power-Darkness-AFRICAN-DELIVERED-ebook/dp/B0CC5MM4MV

- **Visa** : "Suka buku ini" (5 bintang)

Ini adalah pembuka mata... pengakuan yang benar... Baru-baru ini saya telah mencarinya di mana-mana untuk membelinya. Sangat gembira untuk mendapatkannya dari Amazon.

- **FrankJM** : "Agak berbeza" (4 bintang)

Buku ini mengingatkan saya betapa peperangan rohani yang sebenar. Ia juga mengingatkan sebab untuk memakai "Perisai Penuh Tuhan."

- **JenJen** : "Semua orang yang ingin pergi ke Syurga- baca ini!" (5 bintang)

Buku ini banyak mengubah hidup saya. Bersama-sama dengan keterangan John Ramirez, ia akan membuatkan anda melihat iman anda secara berbeza. Saya telah membacanya 6 kali!

- *Bekas Syaitan: The James Exchange* (Kulit kertas) — Beli Di Sini [4]| Ebook [5]di Amazon[6]

---

4. https://shop.ingramspark.com/b/084?params=I2HNGtbqJRbal8OxU3RMTApQsLLxcUCTC8zUdzDy0W1
5. https://www.amazon.com/JAMESES-Exchange-Testimony-High-Ranking-Encounters-ebook/dp/B0DJP14JLH
6. https://www.amazon.com/JAMESES-Exchange-Testimony-High-Ranking-Encounters-ebook/dp/B0DJP14JLH

- ***TESTIMONI BEKAS SYAITAN Afrika*** *- Pastor JONAS LUKUNTU MPALA* (Kulit kertas) — Beli Di Sini [7]| Ebook [8]di Amazon[9]

- *Greater Exploits 14* (Kulit kertas) — Beli Di Sini [10]| Ebook [11]di Amazon[12]

---

7. https://shop.ingramspark.com/b/084?params=0Aj9Sze4cYoLM5OqWrD20kgknXQQqO5AZYXcWtoMqWN
8. https://www.amazon.com/TESTIMONY-African-EX-SATANIST-Pastor-Jonas-ebook/dp/B0DJDLFKNR
9. https://www.amazon.com/TESTIMONY-African-EX-SATANIST-Pastor-Jonas-ebook/dp/B0DJDLFKNR
10. https://shop.ingramspark.com/b/084?params=772LXinQn9nCWcgq572PDsqPjkTJmpgSqrp88b0qzKb
11. https://www.amazon.com/Greater-Exploits-MYSTERIOUS-Strategies-Countermeasures-ebook/dp/B0CGHYPZ8V
12. https://www.amazon.com/Greater-Exploits-MYSTERIOUS-Strategies-Countermeasures-ebook/dp/B0CGHYPZ8V

- *Out of the Devil's Cauldron* oleh John Ramirez — Tersedia di Amazon[13]
- *Dia Datang untuk Bebaskan Tawanan* oleh Rebecca Brown — Cari di Amazon[14]

BUKU LAIN YANG DITERBITKAN oleh pengarang – Lebih 1000 judul

Disayangi, Dipilih dan Seluruh : Perjalanan 30 Hari dari Penolakan kepada **Pemulihan** diterjemahkan ke dalam 40 bahasa dunia

https://www.amazon.com/Loved-Chosen-Whole-Rejection-Restoration-ebook/dp/B0F9VSD8WL

https://shop.ingramspark.com/b/084?params=xga0WR16muFUwCoeMUBHQ6HwYjddLGpugQHb3DVa5hE

13. https://www.amazon.com/Out-Devils-Cauldron-John-Ramirez/dp/0985604306

14. https://www.amazon.com/He-Came-Set-Captives-Free/dp/0883683239

Loved, Chosen and Whole
A 30-Day Journey from Rejection to Restoration

DALAM LANGKAHNYA — Cabaran WWJD 40 Hari:

Hidup Seperti Yesus dalam Kisah Kehidupan Nyata Di Seluruh Dunia

https://www.amazon.com/His-Steps-Challenge-Real-Life-Stories-ebook/dp/B0FCYTL5MG

https://shop.ingramspark.com/b/084?params=DuNTWS59IbkvSKtGFbCbEFdv3Zg0FaITUEvlK49yLzB

YESUS DI PINTU:

40 Kisah Menyayat Hati dan Amaran Terakhir Syurga kepada Gereja-Gereja HARI INI

https://www.amazon.com/dp/B0FDX31L9F

https://shop.ingramspark.com/b/084?params=TpdA5j8WPvw83glJ12N1B3nf8LQte2a1lIEy32bHcGg

KEHIDUPAN PERJANJIAN: 40 Hari Berjalan dalam Berkat Ulangan 28

- **https://www.amazon.com/dp/B0FFJCLDB5**

Cerita dari Orang Sebenar, Ketaatan Sebenar, dan Sebenar
https://shop.ingramspark.com/b/084?params=bH3pzfz1zdCOLpbs7tZYJNYgGcYfU32VMz3J3a4e2Qt

TRANSFORMASI DALAM lebih 20 bahasa

MENGENAL DIA & MENGENAL DIA:

40 Hari untuk Penyembuhan, Pemahaman, dan Cinta Kekal

HTTPS://WWW.AMAZON.com/KNOWING-HER-HIM-Healing-Understanding-ebook/dp/B0FGC4V3D9[15]

https://shop.ingramspark.com/b/084?params=vC6KCLoI7Nnum24BVmBtSme9i6k59p3oynaZOY4B9Rd

LENGKAP, BUKAN BERSAING:

Perjalanan 40 Hari untuk Tujuan, Perpaduan dan Kerjasama

15. https://www.amazon.com/KNOWING-HER-HIM-Healing-Understanding-ebook/dp/B0FGC4V3D9

HTTPS://SHOP.INGRAMSPARK.com/b/084?params=5E4v1tHgeTqOOuEtfTYUzZDzLyXLee30cqYo0Ov9941[16]

https://www.amazon.com/COMPLETE-NOT-COMPETE-Journey-Collaboration-ebook/dp/B0FGGL1XSQ/

KOD KESIHATAN ILAHI - 40 Kunci Harian untuk Mengaktifkan Penyembuhan Melalui Firman dan Ciptaan Tuhan Membuka Kunci Kuasa Penyembuhan Tumbuhan, Doa dan Tindakan Kenabian

16. https://shop.ingramspark.com/b/084?params=5E4v1tHgeTqOOuEtfTYUzZDzLyXLee30cqYo0Ov9941

HTTPS://SHOP.INGRAMSPARK.com/b/
084?params=xkZMrYcEHnrJDhe1wuHHYixZDViiArCeJ6PbNMTbTux[17]
https://www.amazon.com/dp/B0FHJT42TK

BUKU LAIN BOLEH DIDAPATI di halaman pengarang https://www.amazon.com/stores/Ambassador-Monday-O.-Ogbe/author/B07MSBPFNX

17. https://shop.ingramspark.com/b/084?params=xkZMrYcEHnrJDhe1wuHHYixZDViiArCeJ6PbNMTbTux

www.ingramcontent.com/pod-product-compliance
Lightning Source LLC
LaVergne TN
LVHW040444051026
849517LV00002B/752
9798349621970